한자를 알면 중국어가 보인다

김낙철 저

제이앤씨
Publishing Company

머리말

한자는 자유와 개성의 가치만큼이나 소중한 우리 민족의 정체성을 찾는 데 필수 요소임은 누구도 부정할 수 없다. 최근 중국과 중국어에 대한 관심이 가히 폭발적으로 증가하였고 중국어 교재 역시 계속 변화를 거듭해 왔다. 날마다 새로운 교재들이 출간되고 있는 상황에서 보다 효과적으로 한자와 중국어 학습에 도움을 줄 수 있는 또 다른 방안은 무엇일까? 수 천 년 전부터 지금까지 한자 문화권이라는 틀 안에서 중국과 동일한 한자를 사용해 왔음에도 불구하고 우리가 쓰는 한자와 중국어는 여전히 독립적인 관계를 유지하고 있다. 중국어는 한자로 되어 있다. 그리고 이 시대 많은 사람들이 중국어 배우기를 원한다. 필자는 '한자 따로 중국어 따로'가 아닌 누구나 한자를 배우면서 자연스럽게 중국어에 접근할 수 있도록 하기 위해 '한자와 중국어'라는 과목을 개설하였으나 학습 목표 실행에 부응하는 적절한 교재가 없어 한자를 중국어로 읽는 수업 방식의 한계를 벗어나지 못 했다. 이에 '한자와 중국어'를 자연스럽게 통합하여 한자와 중국어의 발음과 회화를 동시에 습득할 수 있는 방법의 필요성을 느끼고 [간체자(번체자)+뜻+발음+중국어회화+쓰기] 즉 [한자+중국어] 패키지 교육의 목적으로 본 교재를 구성하게 되었다.

『한자를 알면 중국어가 보인다』는 제목의 이 책은 옥편도 아니고 사전도 아니다. 다만 한국과 중국에서 사용 빈도가 높은 약 2000개의 한자를 간체자의 획순에 따라 정리하여, 글자마다 그 뜻과 한국어 독음과 중국어 발음을 연결시키고 그 글자를 사용한 중국어 문장을 예시함과 동시에 학습자가 교재에 직접 써보도록 설계된 일종의 한자와 중국어의 통합 연습 지침서라고 할 수 있다. 따라서 색인을 따로 수록하지 않았다. 그리고 부족한 한자는 예문을 통해 보완하였으므로 본서 내용을 충분히 숙지하고 활용한다면 한자와 중국어 학습에 충분한 도움이 될 것이라 기대한다. 끝으로 본 교재 출판을 도와주신 제이엔씨출판사 권석동 이사님께 감사드리며, 틈틈이 원고 타이핑에 도움을 준 아들 욱희와 항상 곁에서 기쁨을 선사하는 딸 욱영이에게도 고마움을 전한다.

삼육대 바울관에서 김낙철
2016.10.5

차 례

한자 부수	7
기본한자	17
2획	31
3획	33
4획	37
5획	45
6획	53
7획	67
8획	87
9획	109
10획	125
11획	143
12획	161
13획	177
14획	189
15획	195
16획	201
17획	205
18획 이상	207
연습 l 한어병음(汉语拼音) 쓰기	213

한자를 알면
중국어가 보인다

한자 부수

한자를 알면 중국어가 보인다

一　yī　한 일
　　하나, 처음, 오로지, 모두, 같다

丨　gǔn　뚫을 곤
　　뚫다, 셈대 세우다, 위아래 통하다

丶　zhǔ　점 주
　　점, 구절 찍다, 불똥

丿　piě　삐침 별
　　상우(上右)에서 하좌(下左)로 굽게 삐침

乙　yǐ　새 을
　　새, 굽다, 십간(十干)의 둘째

亅　jué, gōu　갈고리 궐
　　갈고리

二　èr　두 이
　　둘, 두 번, 두 마음

亠　tóu　두돼지해밑 두
　　두돼지해밑

人　rén　사람 인
　　사람, 인간, 백성, 남, 타인, 인품, 인격

儿　rén　사람 인
　　사람

入　rù　들 입
　　들다, 수입, 사성의 입성(入聲)

八　bā, bá　여덟 팔
　　여덟, 여덟 번, 팔자형(八字形)

冂　jiōng, xiōng　먼데 경
　　먼데, 빌다, 밀다

冖　mì　덮을 멱
　　덮다

冫　bīng　얼음 빙
　　얼음

几　jǐ　안석 궤
　　안석, 제향 기구, 명기(明器)

凵　kǎn　입 벌릴 감
　　입 벌리다, 위 터진 그릇

刂　dāo　칼 도
　　칼, 통화(通貨)의 이름, 작은 배

刀　dāo　칼 도
　　칼, 통화(通貨)의 이름, 작은 배

力　lì　힘 력
　　힘, 힘쓰다, 부지런히 일하다

勹　bāo　쌀 포
　　싸다

匕　bǐ　비수 비
　　비수, 숟가락, 수저, 살촉, 화살촉

匚	fāng 상자 **방** 상자, 모진 그릇	夂	chuī, suī 천천히걸을 **쇠** 천천히 걷다, 편안히 걷다
匸	xǐ 감출 **혜** 감추다, 덮다	夕	xī 저녁 **석** 저녁, 밤, 쏠리다
十	shí 열 **십** 열, 열 번, 열 배	大	dà, dài 큰 **대** 크다, 넓다, 두루
卜	bǔ, bo 점 **복** 점, 점치다, 길흉을 알아내다, 주다	女	nǚ 여자 **녀(여)** 여자, 딸, 처녀, 계집, 음양의 음(陰)
卩	jié 병부 **절** 병부, 신표	子	zǐ, zi 아들 **자** 아들, 맏아들, 자식, 어조사
厂	ān, hán, hàn, yán 기슭 **엄(한)** 벼랑, 낭떠러지, 민엄호	宀	mián 집 **면** 집, 사방에 지붕 있는 집, 갓머리
厶	sī, mǒu 사사 **사** 사사(自營), 나(我)	寸	cùn 마디 **촌** 마디, 손가락 하나 굵기의 폭, 치, 길이 단위, 경맥 단위
又	yòu 또 **우** 또, 다시, 용서하다, 오른손, 오른쪽	小	xiǎo 작을 **소** 작다, 적다, 짧다, 시간상 짧다
讠(言)	yán 말씀 **언** 편방으로 쓰이는 글자	尢	wāng 절름발이 **왕** 절름발이, 등 굽고 키 작은 사람
口	kǒu 입 **구** 입, 어귀, 드나드는 목의 첫머리, 구멍	尸	shī 주검 **시** 주검, 시체
囗	guó, wéi 나라 **국** 나라, 圍의 古字, 國의 古字	屮	cǎo, chè 왼손 **좌** 왼손
土	tǔ 흙 **토** 흙, 땅, 오행(五行)의 하나	山	shān 뫼 **산** 뫼, 산, 산신(山神), 무덤
士	shì 선비 **사** 선비, 일하다, 재능 있는 사람	巛	chuān 개미허리변 **천** 개미허리변, 川의 本字
夂	zhǐ 뒤져서올 **치** 뒤져서 오다	川	chuān 개미허리변 **천** 개미허리변

工	gōng 장인 공 장인, 물건을 만드는 일, 공교하다	门(門)	mén 문 문 문, 집안, 가문, 무리
己	jǐ 자기 기 자기, 여섯째 천간, 다스리다	飞(飛)	fēi 날 비 날다, 빠르다, 흩어지다
巾	jīn 수건 건 수건, 두건, 상례에서 쓰는 머리덮개	饣(食)	shí, sì 먹을 식 '食'자가 편방으로 쓰일 때의 자형
干	gān, gàn 방패 간 방패, 범하다, 막다, 방어하다	马(馬)	mǎ 말 마 말, 아지랑이, 추녀 끝, 벼슬 이름
幺	yāo 작을 요 작다, 어리다, 하나, 주사위의 한 점	忄(心)	xīn 마음 심 마음, 심장, 가슴
广	ān, yǎn 집 엄 집, 마룻대, 엄호, 부수의 명칭	扌(手)	shǒu 손 수 손, 사람, 힘, 도움이 될 힘이나 행위
廴	yǐn 길게걸을 인 길게 걷다, 당기다	氵(水)	shuǐ 물 수 물, 홍수, 오행(五行) 중 하나
廾	gǒng 두손으로받들 공 두 손으로 받들다	丬(爿)	pán 널조각 장 널조각, 조각널, 장수장변
弋	yì 주살 익 주살, 화살, 잡다, 사냥하다, 검다	犭(犬)	quǎn 개 견 개, 하찮은 것의 비유, 서융(西戎)
弓	gōng 활 궁 활, 궁술, 길이의 단위	⺾(艸)	cǎo 풀 초 풀
彐	jì 고슴도치머리 계 고슴도치 머리, 돼지 머리	辶(辵)	chuò 쉬엄쉬엄갈 착 쉬엄쉬엄 가다, 달리다, 뛰어넘다
彡	shàn, xiān 터럭 삼 터럭, 길게 자란 머리털, 성(姓)	心	xīn 마음 심 마음, 심장, 가슴
彳	chì 조금 걸을 척 조금 걷다	戈	gē 창 과 창, 싸움, 전쟁
纟(糸)	mì 가는 실 멱 가는 실, 적다, 가늘다, 매우 적은 수	戶	hù 지게 호 지게, 지게 문, 외짝 문, 출입구, 구멍, 구덩이, 굴

手	shǒu 손 수 손, 사람, 힘, 도움이 될 힘이나 행위		止	zhǐ 발 지 발, 멎다, 멈추다, 머무르다
支	zhī 가를 지 가르다, 가지, 지탱하다		歹	dǎi, è 부서진 뼈 알 부서진 뼈, 나쁘다
攴	pū, pǔ 칠 복 치다, 채찍질하다		殳	shū 창 수 창, 몽둥이, 나무 지팡이, 서체의 이름
攵(攴)	pū, pǔ 칠 복 치다, 채찍질하다		毋	wú 말 무 말라, 금지사, 없다(無), 아니다
文	wén 무늬 문 무늬, 채색, 얼룩		比	bǐ, bì 견줄 비(4획) 견주다, 본뜨다, 모방하다, 따르다
斗	dǒu, dòu 말 두 말, 용량 단위, 자루 달린 술 기구, 별 이름		毛	máo 털 모 털, 동식물의 털, 모(毛) 섬유, 가볍다, 짐승, 길짐승
斤	jīn 도끼 근 도끼, 베다, 나무를 베다, 근(斤)		氏	shì, zhī 각시 씨 각시, 옛날에 부인은 성에 씨를 붙여 이름을 대신함
方	fāng 모 방 모, 각(角), 사방(四方), 방위, 방향		气	qì 기운 기 기운(氣), 빌다(乞)
无	wú, mó 없을 무 없다, (佛)발어사, 불경 읽을 때 발어사		水	shuǐ 물 수(4획) 물, 홍수, 오행 중 하나
日	rì 해 일 해, 태양, 햇볕, 햇살, 해의 움직임		火	huǒ 불 화 불, 오행 중 하나, 타다, 태우다
曰	yuē 가로 왈 가로되, 말하기를, 이르다, 일컫다		爪	zhǎo, zhuǎ 손톱 조(4획) 손톱, 깍지, 메뚜기
月	yuè 달 월 달, 달빛, 나달, 광음(光陰)		父	fù, fǔ 아비 부 아비, 아버지, 연로한 사람의 경칭
木	mù 나무 목 나무, 오행의 첫째, 나무로 만든 기구		爻	yáo 효 효 효, 육효(六爻), 주역 괘 6개 가로 획, 엇갈리다, 본받다
欠	qiàn 하품 흠 하품, 하품하다, 모자라다			

丬	pán 널조각 장 널조각, 조각널, 장수장변	玄	xuán 검을 현 검다, 검은 빛, 하늘, 멀다, 그윽하다
片	piàn, piān 조각 편(4획) 한쪽, 조각, 납작한 조각	瓜	guā 오이 과(5획) 오이
牙	yá 어금니 아(4획) 어금니, 송곳니, 이의 총칭, 무기, 병기, 깨물다	瓦	wǎ, wà 기와 와(5획) 기와, 질그릇, 실패, 실을 감는 물건
牛	niú 소 우 소, 무릅쓰다, 별 이름, 견우성	甘	gān 달 감 달다, 맛있다, 상쾌하다, 즐기다
见(見)	jiàn 볼 견 보다, 눈으로 보다, 대면하다, 만나다	生	shēng 날 생 나다, 태어나다, 천생으로, 자식 낳다, 살다, 살아 있다
贝(貝)	bèi 조개 패 조개, 조가비, 패각, 돈, 재화, 보화	用	yòng 쓸 용 쓰다, 베풀다, 부리다, 등용하다, 행하다, 다스리다, 용도
车(車)	chē, jū 수레 차(4획) 수레, 그물, 잇몸	田	tián 밭 전 밭, 경지 구획의 이름, 심다
长(長)	cháng, zhǎng 긴 장(5획) 길다, 늘, 크다, 오래다, 어른, 많다	疋	pǐ, yǎ, shū 필 필(발 소) 필, 발, 낮은 벼슬아치, 바르다
韦(韋)	wéi 가죽 위 다듬은 가죽, 부드럽다, 어기다, 둘레	疒	chuáng 병들어기댈 녁(역) 병들어 기대다, 앓다, 병
风(風)	fēng 바람 풍 바람, 울리다, 풍속, 경치, 병명, 모양	癶	bō 등질 발(5획) 등지다, 사이가 벌어지다, 걷다, 가다, 필발머리
玉	yù 옥 옥 옥, 사물을 칭찬하거나 귀히 여김의 미칭, 아끼다	白	bái 흰 백 흰 빛, 희다, 날이 새다
礻(示)	shì 보일 시 보이다, 가르치다, 알리다	皮	pí 가죽 피 가죽, 껍질, 겉, 거죽
聿	yù 붓 율 붓, 진(秦) 이래는 '筆'로 쓴다. 드디어, 마침내, 스스로	皿	mǐn 그릇 명 그릇, 그릇의 덮개

目	mù 눈 목 눈, 눈알, 안구, 보다, 눈여겨보다, 응시하다, 눈짓하다		米	mǐ 쌀 미 쌀, 껍질을 벗긴 조·수수·보리·옥수수 등도 이름
矛	máo 창 모(5획) 창, 자루가 긴 창		缶	fǒu 장군 부 장군, 액체 담는 그릇, 용량 단위
矢	shǐ 화살 시 화살, 벌여 놓다, 맹세하다		网	wǎng 그물 망 그물
石	shí, dàn 돌 석 돌, 돌로 만든 악기, 비석		羊	yáng 양 양 양, 상서롭다, 배회하다
示	shì 보일 시 보이다, 가르치다, 알리다		羽	yǔ 깃 우 깃, 날개, 깃털 장식, 새, 조류
禸	róu 발자국 유(5획) 발자국, 짐승의 발자국		老	lǎo 늙은이 로(노) 늙은이, 늙다, 쇠하다, 쉬다, 썩다
禾	hé 벼 화 벼, 곡물, 곡식의 줄기		而	ér 말이을 이 말 이음, 순접·역접 접속사, 어조사, 너
穴	xué 구멍 혈 구멍, 움, 구덩이, 맞뚫린 구멍, 소굴, 동굴, 샘, 혈		耒	lěi, lèi 쟁기 뢰(뇌) 쟁기, 굽정이
立	lì 설 립(입) 서다, 확고히 서다, 정해지다, 이루어지다, 나타나다		耳	ěr 귀 이 귀, 귀에 익다, 들다, 곡식이 비 맞아 싹 나다
钅(金)	jīn 편방자 금(5획) 쇠		聿	yù 붓 율 붓, 진(秦) 이래는 '筆'로 쓴다, 드디어, 마침내, 스스로
鸟(鳥)	niǎo 새 조(5획) 새		臣	chén 신하 신(6획) 신하, 신하가 되어 섬기다, 신하로 삼다
龙(龍)	lóng 용 룡(용 5획) 용, 귀신 이름, 별 이름, 말 이름, 임금		自	zì 스스로 자 스스로, 몸소, 자기, 자연히, 저절로, 어조사, …로부터
竹	zhú 대 죽 대, 대나무, 피리, 죽간(竹簡), 옛날 문자를 기록에 쓰던 것		至	zhì 이를 지 이르다, 새가 땅에 내려앉다, 도래하다, 닿다, 끝 가다

臼	jiù 절구 **구**(6획) 절구, 절구질하다, 허물(咎)	页(頁)	yè 머리 **혈**(6획) 머리, 목, 목덜미, 책 면
舌	shé 혀 **설** 혀, 목관악기에 끼워 소리 내는 물건, 과녁 좌우의 귀	齐(齊)	qí 엄숙할 **제** 엄숙하다, 가지런하다, 정제되다, 공손하다
舛	chuǎn 어그러질 **천**(6획) 어그러지다, 상치되다, 섞이다, 어수선하다	見	jiàn, xiàn 볼 **견** 보다, 눈으로 보다, 생각해 보다, 돌이켜 보다, 변별하다, 보이다, 마음에 터득하다, 보는 바, 소견, 생각
舟	zhōu 배 **주** 배, 술통 받침, 술 치는 데 쓰는 예기(禮器), 싣다	角	jiǎo, jué 뿔 **각**(7획) 뿔, 짐승의 뿔, 곤충의 촉각, 모, 귀, 구석
艮	gèn, gěn 어긋날 **간**(6획) 어긋나다, 거스르다, 그치다, 어렵다	言	yán 말씀 **언** 말씀, 언어, 가르치는 말, 호령하는 말, 맹세하는 말, 글, 문자, 말하다, 발언하다, 꾀, 모의
色	sè, shǎi 빛 **색** 빛, 얼굴빛, 색채, 윤, 모양, 상태, 기색, 형상, 용모의 예쁨, 갈래, 종류, 여색, 정욕	谷	gǔ, yù 골 **곡** 골, 골짜기, 홈, 홈통, 좁은 길
虍	hū 호피무늬 **호** 호피(虎皮)의 무늬, 아직 나타나지 아니한 모양	豆	dòu 콩 **두** 콩, 또 팥, 콩과 식물의 총칭, 제기 이름, 제수(祭需), 제물
虫	chóng, chǒng, huǐ 벌레 **충**(훼) 벌레, 살무사, 벌레, 蟲의 俗字	豕	shǐ 돼지 **시**(7획) 돼지
行	xíng, háng 갈 **행** 가다, 걷다, 나아가다, 달아나다, 돌아다니다, 겪다, 흐르다, 움직이다, 보내다, 행하다, 일하다, 쓰다, 베풀다, 행해지다, 쓰이다	豸	zhì 발 없는 벌레 **치**(7획) 발 없는 벌레의 총칭, 지렁이 따위, 짐승이 먹이를 잡으려고 웅숭그리며 노리는 모양, 풀다
衣	yī, yì 옷 **의**(6획) 옷, 예복, 나들이 옷, 가사(袈裟), 싸는 것, 덮는 것	赤	chì 붉을 **적** 붉다, 붉은 빛, 발가숭이, 적나라(赤裸裸 luǒ)하다, 비다
襾	xiǎ, yà 덮을 **아**(6획) 덮다, 가리어 덮다	走	zǒu 달릴 **주** 달리다, 가다, 향하여 가다, 달아나다

足	zú 발 족 발, 뿌리, 근본, 산기슭, 그치다, 머무르다, 가다, 달리다	門	mén 문 문 문, 출입문, 문간, 문전, 집안
身	shēn, yuán 몸 신(7획) 몸, 신체, 나 자신, 자기 능력·이익·성행(性行), 신분, 줄기, 칼날, 식물 줄기, 몸소, 친히, 임신하다	阜	fù 언덕 부(8획) 언덕, 대륙, 크다, 커지다
車	chē, jū 수레 차(거) 수레, 수레의 바퀴, 도르래	隶	dài, yì, shì 미칠 이(대) 미치다, 이르다, 주다, 근본
辛	xīn 매울 신 맵다, 매운맛, 고생하다, 살상하다	隹	zhuī 새 추 새, 꽁지 짧은 새의 총칭, 뻐꾸기, 비둘기의 하나
辰	chén 지지 진(7획) 지지(地支), 십이지의 총칭, 다섯째 지지, 별 이름	雨	yǔ, yù 비 우 비, 많은 모양, 흩어지는 모양의 비유
邑	yì 고을 읍 고을, 마을, 서울, 국도(國都), 영지(領地), 식읍(食邑)	青	qīng 푸를 청 푸르다, 푸른빛, 푸른 흙, 녹청(綠靑), 동록(銅綠)
酉	yǒu 닭 유 닭, 십이지(支)의 열째, 술, 술을 담는 그릇, 물을 대다	非	fēi 아닐 비 아니다, 부정(否定)의 조사, 등지다, 배반하다, 거짓
釆	biàn 분별할 변 분별하다, 辨의 本字	鱼(魚)	yú 물고기 어 물고기, 생선, 물고기의 총칭
里	lǐ 마을 리 마을, 거리, 주거(住居)	黾(黽)	mǐn, miǎn 힘쓸 민(13획) 힘쓰다, 맹꽁이, 고을 이름
卤(鹵)	lǔ 소금 로(노) 소금, 천연 소금, 개펄, 염밭, 황무지	齿(齒)	chǐ 이 치 이, 나이, 같은, 벌이다
龟(龜)	guī, jūn, qiū 땅 이름 구 나라 이름, 거북, 본뜨다, 점치다	鼡(鼠)	shǔ 쥐 서 쥐, 임금 측근에서 해 끼치는 간신, 근심하다
金	jīn 쇠 금(8획) 쇠, 금속 광물 총칭, 돈, 황금, 오행의 하나, 서쪽 방위	面	miàn 낯 면 낯, 얼굴, 앞, 겉, 표면
		革	gé, jí 가죽 혁(9획) 가죽, 피부, 북, 팔음(八音)의 하나, 갑주, 투구

韋 wéi 다룸가죽 위(9획)
다룸가죽, 무두질한 가죽, 부드러운 것, 어기다

韭 jiǔ 부추 구
부추, 훈채(葷菜)의 한 가지, 산부추

音 yīn 소리 음
소리, 음악, 가락, 글 읽는 소리, 음신(音信), 성(姓)

頁 yè 머리 혈
머리, 首의 古字, 목, 목덜미, 책면(冊面), 페이지

食 shí, sì, yì 밥 식(9획)
밥, 먹을거리, 먹다, 갉다, 깨물다, 새김질하다, 식언하다, 녹봉 받다

首 shǒu 머리 수(9획)
머리, 시초(始初), 먼저, 앞

香 xiāng 향기 향(9획)
향기, 향기롭다, 소리·빛·모양·맛의 아름다움

骨 gǔ, gū 뼈 골(10획)
뼈, 됨됨이, 굳다, 강직하다

高 gāo 높을 고
높다, 높아지다, 뽐내다

髟 biāo 머리털 드리워질 표(10획)
머리털이 길게 드리워진 모양, 반백(斑白)의 머리털, 갈기, 말갈기

鬥 dòu 싸울 두(각, 투)(10획)
싸우다, 두 병사가 병기 들고 싸우다, 두 사람이 손에 물건을 들고 다투다

鬯 chàng 울창주 창(10획)
신에게 바치는 방향주(芳香酒), 활집, 자라다

鬲(鬲) lì, gé 막을 격(솥, 력)
막다, 솥, 오지병, 땅 이름, 손잡이

鬼 guǐ 귀신 귀(10획)
귀신, 지혜롭다, 교활하다, 멀다

鹵 lǔ 소금 로(노)
소금, 천연 소금, 개펄, 염밭, 황무지

鹿 lù 사슴 록(녹)(11획)
사슴, 권좌의 비유, 곳집, 방형(方形) 쌀 창고

麥 mài 보리 맥(11획)
보리, 작은 매미, 묻다, 매장하다

麻 má, mā 삼 마
삼, 삼실·삼베·베옷 등을 두루 일컫는 말

黑 hēi 검을 흑(12획)
검은 색, 오색(五色)의 하나, 검다, 나쁜 마음, 어리석은 마음, 어둡다, 검게 변하다, 날이나 눈이 어두워지다

黃 huáng 누를 황
누르다, 누른 빛, 누레지다, 어린아이

黍 shǔ 기장 서
기장, 오곡의 하나, 옛날 용량과 중량 단위, 술그릇

黹 zhǐ 바느질할 치(12획)
바느질하다, 수놓다, 수놓은 옷

黽 mǐn, miǎn 힘쓸 민(13획)
힘쓰다, 맹꽁이, 고을 이름

鼎 dǐng 솥 정(13획)
솥, 발이 셋 달리고 귀가 둘 달린 음식 익히는 데 쓰는 기구, 존귀하다, 바야흐로, 이제 한창

鼓 gǔ 북 고(13획)
북, 치다, 두드리다, 맥박

鼠 shǔ 쥐 서(13획)
쥐, 임금 측근에서 해 끼치는 간신, 근심하다

鼻 bí 코 비(14획)
코, 구멍, 양쪽으로 트이게 뚫은 자국, 코 꿰다, 짐승의 코에 코뚜레 같은 것으로 꿰다

齊 qí, jì, zhāi 가지런할 제(14획)
가지런하다, 같다, 같게 하다, 갖추다, 전부, 모두, 똑같이

齒 chǐ 이 치(15획)
이, 음식을 씹는 기관, 어금니, 나이

龍 lóng 용 용(용 16획)
용, 임금, 제왕의 비유, 또 임금에 관한 사물에 관형사로 쓰인다, 뛰어난 인물

龜 guī, jūn, qiu
나라이름 **구**(거북 귀, 틀 균, 16획)
나라 이름, 거북, 틀, 거북의 등껍데기, 패물, 귀갑(龜甲), 거북점, 귀갑을 태워 길흉을 점치는 것

龠 yuè 피리 약(17획)
피리, 대나무로 만든 악기, 용량의 단위, 한 홉의 10분의 1

기본한자

한자를 알면 중국어가 보인다

一 yī 한 일 / 하나, 1

| 一 | 一 | | | | |

예 第一名 dì yī míng 1등

二 èr 두 이 / 둘, 2

| 二 | 二 | | | | |

예 二手货 èrshǒuhuò 중고품

三 sān 석 삼 / 셋, 3

| 三 | 三 | | | | |

예 来了三个人。 Lái le sān ge rén.
세 사람이 왔다.

四 sì 넉 사 / 넷, 4

| 四 | 四 | | | | |

예 四季分明。 Sìjì fēnmíng. 사계가 분명하다.

五 wǔ 다섯 오 / 다섯, 5

| 五 | 五 | | | | |

예 五点半 wǔ diǎn bàn 5시 반

六 liù 여섯 육 / 여섯, 6

| 六 | 六 | | | | |

예 今天星期六。 Jīntiān xīngqīliù.
오늘은 토요일이다.

七 qī 일곱 칠 / 일곱, 7

| 七 | 七 | | | | |

예 一米七五公分 yì mǐ qī wǔ gōngfēn
1미터 75센티

八 bā 여덟 팔 / 여덟, 8

| 八 | 八 | | | | |

예 与八字有关。 Yǔ bāzì yǒuguān.
팔자와 관계있다.

九 jiǔ 아홉 구 / 아홉, 9

例 一生九死 yìshēng jiǔsǐ 구사일생

十 shí 열 십 / 열, 10

例 十之八九 shí zhī bājiǔ 십중팔구

百 bǎi 일백 백 / 백, 100

例 百感交集 bǎigǎn jiāojí 만감이 교차하다

千 qiān 일천 천 / 천, 1000
千(韆) qiān 그네 천 / 그네

例 三千块 sān qiān kuài 3천원
　 打秋千 dǎ qiūqiān 그네 뛰다

万(萬) wàn 일만 만 / 만, 10000

例 千万不要说! Qiānwàn búyào shuō!
　 절대 말하지 마세요!

亿(億) yì 억 억 / 억, 100000000

例 达到了一亿美元的大关。
　 Dádào le yí yì měiyuán de dàguān.
　 1억 달러 선에 도달했다.

父 fù 아비 부 / 아버지

例 他继承了父亲的遗志。
　 Tā jìchéng le fùqīn de yízhì.
　 그는 부친의 유지를 계승했다.

母 mǔ 어미 모 / 어머니

例 遭母忧 zāo mǔyōu 모친상을 당하다

子 zǐ 아들 자 / 아들, 자식

例 他是我儿子。 Tā shì wǒ érzi.
　 그는 내 아들이다.

爷(爺) yé 아비 야 / 할아버지

例 爷爷去世了。 Yéye qùshì le.
　 할아버지는 돌아가셨다.

奶 nǎi 젖 내 / 할머니, 젖

예 奶奶很疼我。Nǎinai hěn téng wǒ.
할머니는 나를 예뻐하신다.

爸 bà 아비 파 / 아빠

예 爸爸很健康。Bàba hěn jiànkāng.
아버지는 건강하시다.

妈(媽) mā 어미 마 / 엄마

예 都是你妈妈! Dōu shì nǐ māma!
다 네 엄마 때문이야!

兄 xiōng 맏이 형 / 형, 오빠

예 各位弟兄姐妹! Gèwèi dìxiōng jiěmèi!
형제자매 여러분!

弟 dì 아우 제 / 아우, 남동생

예 你弟弟好吗? Nǐ dìdi hǎo ma?
네 동생은 잘 있니?

姐 jiě 누이 저 / 누나, 언니

예 姐姐很漂亮。Jiějie hěn piàoliang.
누나는 예쁘다.

妹 mèi 누이 매 / 여동생

예 你妹妹多大了? Nǐ mèimei duō dà le?
네 여동생은 몇 살이니?

东(東) dōng 동녘 동 / 동쪽

예 由东向西倾斜。Yóu dōng xiàng xī qīngxié.
동쪽에서 서쪽으로 경사져 있다.

南 nán 남녘 남 / 남쪽

예 朝南走! Cháo nán zǒu! 남쪽으로 가라!

西 xī 서녘 서 / 서쪽

예 太阳偏西 tàiyáng piān xī
해가 서쪽으로 기울다

北 běi 북녘 북 / 북쪽

北	北			

예 仰望北方 yǎngwàng běifāng
북쪽을 바라보다

上 shàng 위 상 / 위

上	上			

예 放在桌子上 Fàng zài zhuōzi shàng
탁자 위에 놓다

中 zhōng 가운데 중 / 가운데
　　zhòng 맞다

中	中			

예 中国 Zhōngguó 중국
　 中奖了! Zhòng jiǎng le! 당첨되었다!

下 xià 아래 하 / 아래, 밑

下	下			

예 峭壁之下 qiàobì zhī xià 절벽 아래

大 dà 클 대 / 크다

大	大			

예 年纪大了。 Niánjì dà le. 나이가 들었다.

小 xiǎo 작을 소 / 작다

小	小			

예 大材小用 dà cái xiǎo yòng
큰 인재를 작은 데 사용하다

男 nán 사내 남 / 남자

男	男			

예 男子汉大丈夫 nánzǐhàn dàzhàngfū
사내대장부

女 nǚ 계집 녀 / 여자

女	女			

예 那个女的是谁? Nàge nǚde shì shéi?
그 여자는 누구니?

老 lǎo 늙을 로 / 늙다

老	老			

예 我已经老了。 Wǒ yǐjīng lǎo le.
나는 이미 늙었다.

少 shǎo, shào 적을 소 / 적다, 어리다

少	少			

예 少了一个。 Shǎo le yí ge. 하나가 줄었다.
　 少年少女 shàonián shàonǚ 소년 소녀

日 rì 날 일 / 해, 날

日	日			

예 今天是什么日子? Jīntiān shì shénme rìzi?
오늘은 무슨 날이니?

月 yuè 달 월 / 달, 월

月	月			

예 今天几月几号? Jīntiān jǐ yuè jǐ hào?
오늘은 몇 월 며칠이니?

年 nián 해 년 / 해

年	年			

예 新年好! Xīnnián hǎo!
새해 복 많이 받으세요!

阴(陰) yīn 응달 음 / 응달

阴	阴			

예 阴阳不将 yīnyáng bù jiāng
음양이 서로 거치지 않다. 혼사 길일

阳(陽) yáng 볕 양 / 볕, 양

阳	阳			

예 太阳能 tàiyángnéng 태양 에너지

木 mù 나무 목 / 나무

木	木			

예 独木桥 dúmùqiáo 외나무다리

火 huǒ 불 화 / 불

火	火			

예 杀人放火 shārén fànghuǒ 살인 방화

土 tǔ 흙 토 / 흙, 촌스럽다

土	土			

예 你真土! Nǐ zhēn tǔ! 너 참 촌스럽다!

金 jīn 쇠 금 / 쇠

金	金			

예 镀金 dùjīn 도금하다

水 shuǐ 물 수 / 물

水	水			

예 喝水 hē shuǐ 물을 마시다

天 tiān 하늘 천 / 하늘

例 雨过天晴　yǔ guò tiān qíng
비온 뒤 하늘이 맑다

地 dì 땅 지 / 땅

例 地上留有血迹。 Dì shàng liúyǒu xuèjì.
땅 위에 핏자국이 남아 있다.

甲 jiǎ 첫째천간 갑 / 첫째 천간(天干)

例 装甲车　zhuāngjiǎchē 장갑차

乙 yǐ 새 을 / 새, 둘째 천간

例 甲队以二比一胜乙队。
Jiǎduì yǐ èr bǐ yī shèng yǐduì.
갑팀이 2대 1로 을팀을 이겼다.

丙 bǐng 남녘 병 / 남녘, 셋째 천간

丁 dīng 넷째천간 정 / 넷째 천간

戊 wù 무성할 무 / 무성하다, 다섯째 천간

己 jǐ 자기 기 / 자기, 여섯째 천간

庚 gēng 나이 경 / 일곱째 천간

辛 xīn 매울 신 / 맵다, 여덟째 천간

例 辛苦了!　Xīnkǔ le! 수고하셨습니다!

壬 rén 짊어질 임 / 아홉째 천간

卯 mǎo 무성할 묘 / 무성하다, 넷째 지지

癸 guǐ 헤아릴 계 / 열째 천간

辰 chén 별 진 / 별 이름, 다섯째 지지

子 zǐ 아들 자 / 첫째 지지(地支)

巳 sì 자식 사 / 여섯째지지, 뱀

丑 chǒu 축 / 둘째 지지
丑(醜) chǒu 추할 추 / 추하다

午 wǔ 거스를 오 / 일곱째지지, 말

예 粗俗丑陋 cūsú chǒulòu 우악스럽고 못생기다

寅 yín 삼갈 인 / 삼가다, 셋째 지지

未 wèi 아닐 미 / 여덟째지지, 양

申 shēn 원숭이 신 / 아홉째 지지

低 dī 낮을 저 / 낮다

예 低级货　dījíhuò　저질 상품

酉 yǒu 닭 유 / 열째 지지

长(長) cháng 길 장 / 길다
　　　zhǎng 자라다, 장년

예 说来话长　shuō lái huà cháng　말하자면 얘기가 길다
　 成长在中国　chéngzhǎng zài Zhōngguó
　 중국에서 자라다

戌 xū 개 술 / 열한째 지지

短 duǎn 짧을 단 / 짧다

예 昼短夜长　zhòu duǎn yè cháng
　 낮이 길고 밤이 짧다

亥 hài 돼지 해 / 열두째 지지

前 qián 앞 전 / 앞

예 就在前面　jiù zài qiánmiàn　바로 앞에 있다

高 gāo 높을 고 / 높다

后(後) hòu 뒤 후 / 뒤, 나중
后　　 hòu 임금 후 / 임금, 왕비

예 登高远望　dēng gāo yuǎn wàng
　 높이 올라가 멀리 바라보다

예 跟在后面　gēn zài hòumiàn　뒤를 따르다

左 zuǒ 왼 좌 / 왼쪽

예 往左转 wǎng zuǒ zhuàn 왼쪽으로 틀다

右 yòu 오른 우 / 오른쪽

예 左右两面都是高山。
Zuǒyòu liǎngmiàn dōu shì gāoshān.
좌우 양쪽 모두 높은 산이다.

内 nèi 속 내 / 속, 안

예 三天之内 sāntiān zhī nèi 3일 안에

外 wài 바깥 외 / 바깥

예 臭名外扬 chòu míng wài yáng
나쁜 평판이 밖에 알려지다

远(遠) yuǎn 멀 원 / 멀다

예 离这儿不远 lí zhèr bù yuǎn
여기에서 멀지 않다

近(近) jìn 가까울 근 / 가깝다

예 最近怎么样? Zuìjìn zěnmeyàng?
요즘 어때요?

轻(輕) qīng 가벼울 경 / 가볍다

예 轻轻松松 qīngqīng sōngsōng 가뿐하다

重 zhòng 무거울 중 / 무겁다
　　 chóng 다시

예 你多重? Nǐ duō zhòng? 체중이 얼마니?
重新说 chóngxīn shuō 다시 말하다

衣 yī 옷 의 / 옷

예 更衣室 gēngyīshì 탈의실

食 shí 먹을 식 / 먹다

예 在食堂吃饭 zài shítáng chīfàn
식당에서 밥을 먹다

住 zhù 살 주 / 살다

| 住 | 住 | | | |

예 你住哪儿? Nǐ zhù nǎr? 너 어디 사니?

山 shān 뫼 산 / 산

| 山 | 山 | | | |

예 我喜欢爬山。 Wǒ xǐhuan páshān.
나는 등산을 좋아한다.

川 chuān 내 천 / 내

| 川 | 川 | | | |

草 cǎo 풀 초 / 풀

| 草 | 草 | | | |

예 草木丛生 cǎomù cóngshēng
초목이 수북이 자라다

江 jiāng 강 강 / 강

| 江 | 江 | | | |

예 江山易改, 本姓难移。
Jiāngshān yì gǎi, běnxìng nán yí.
세 살 때 버릇 여든 간다.

河 hé 내 하 / 하수

| 河 | 河 | | | |

예 这条河有一公里宽。
Zhè tiáo hé yǒu yì gōnglǐ kuān.
이 강은 너비가 1km이다.

海 hǎi 바다 해 / 바다

| 海 | 海 | | | |

예 出海捕鱼 chū hǎi bǔ yú
바다에 나가 고기를 잡다

春 chūn 봄 춘 / 봄

| 春 | 春 | | | |

예 春天暖和。 Chūntiān nuǎnhuo. 봄은 따뜻하다.

夏 xià 여름 하 / 여름

| 夏 | 夏 | | | |

예 夏天很热。 Xiàtiān hěn rè. 여름은 덥다.

秋 qiū 가을 추 / 가을

| 秋 | 秋 | | | |

예 秋天凉快。 Qiūtiān liángkuai.
가을은 시원하다.

冬 dōng 겨울 동 / 겨울

예 冬天很冷。 Dōngtiān hěn lěng. 겨울은 춥다.

红(紅) hóng 붉을 홍 / 붉다

예 红色配不上绿色。
　Hóngsè pèi bu shàng lǜsè.
　빨간색은 녹색과 안 어울린다.

黄(黃) huáng 누를 황 / 노랗다

예 麦子都黄了。 Màizi dōu huáng le.
　보리가 노랗게 익었다.

蓝(藍) lán 쪽 람 / 남색

예 戴蓝色贝雷帽 dài lánsè bèiléimào
　남색 베레모를 쓰다

绿(綠) lǜ 초록빛 록 / 초록색

예 闪动绿灯 shǎndòng lǜdēng
　녹색등을 깜박이다

橙 chéng 등자 등 / 주황색

예 橙色意味着什么?
　Chéngsè yìwèi zhe shénme?
　주황색은 뭘 의미할까?

青 qīng 푸를 청 / 파란색

예 立下青云之志 lìxia qīngyún zhī zhì
　청운의 꿈을 세우다

紫 zǐ 자줏빛 자 / 자주색

예 淡紫色手帕 dànzǐsè shǒupà 자색 손수건

听(聽) tīng 들을 청 / 듣다

예 很听话 hěn tīng huà 말을 잘 듣다

说(說) shuō 말씀 설 / 말하다

예 这个汉语怎么说?
　Zhège Hànyǔ zěnme shuō?
　이것은 중국어로 뭐라고 하니?

看 kàn 볼 간 / 보다

| 看 | 看 | | | | |

예 你看不起我了! Nǐ kàn bu qǐ wǒ le!
너 나를 무시했어!

见(見) jiàn 볼 견 / 보다, 만나다

| 见 | 见 | | | | |

예 见到你很高兴! Jiàn dào nǐ hěn gāoxìng!
만나서 반갑습니다!

念 niàn 생각할 념 / 읽다, 공부하다

| 念 | 念 | | | | |

예 我念中文系。 Wǒ niàn Zhōngwénxì.
나는 중국어학과에 다닌다.

写(寫) xiě 베낄 사 / 쓰다

| 写 | 写 | | | | |

예 写一封信 xiě yì fēng xìn 편지 한 통을 쓰다

多 duō 많을 다 / 많다, 많이

| 多 | 多 | | | | |

예 多吃一点儿! Duō chī yìdiǎnr!
좀 더 드세요!

年 nián 해 변 / 해, 년

| 年 | 年 | | | | |

예 你是几年级? Nǐ shì jǐ niánjí?
너는 몇 학년이니?

时(時) shí 때 시 / 때

| 时 | 时 | | | | |

예 我赶时间。 Wǒ gǎn shíjiān.
나는 시간이 급하다.

生 shēng 날 생 / 낳다

| 生 | 生 | | | | |

예 生孩子 shēng háizi 아이를 낳다

死 sǐ 죽을 사 / 죽다

| 死 | 死 | | | | |

예 咒人死 zhòu rén sǐ
사람을 죽으라고 저주하다

出 chū 날 출 / 나가다

| 出 | 出 | | | | |

예 你出去! Nǐ chūqù! 나가시오!

入 rù 들 입 / 들다, 들어오다

예 她突然开门而入。 Tā tūrán kāi mén ér rù.
그녀가 갑자기 문을 열고 들어왔다.

喜 xǐ 기쁠 희 / 기쁘다, 즐겁다

예 你喜欢他吗? Nǐ xǐhuan tā ma?
너 그 사람 좋아하니?

怒 nù 성낼 노 / 성을 내다

예 他为什么发怒? Tā wèishénme fānù?
그는 왜 성을 낼까?

哀 āi 슬플 애 / 슬프다, 슬퍼하다

예 凄凄哀哀的声音 qīqī āiāi de shēngyīn
처량하고 구슬픈 소리

乐(樂) lè, yuè 즐거울 락 / 즐겁다

예 只顾享乐 zhǐ gù xiǎnglè 쾌락만을 추구하다
听音乐 tīng yīnyuè 음악을 듣다

我 wǒ 나 아 / 나

예 我还不明白! Wǒ hái bù míngbai.
나는 아직 잘 모르겠다.

你 nǐ 너 니 / 너, 당신

예 你爸爸真好! Nǐ bàba zhēn hǎo!
너희 아빠 최고구나!

他 tā 다른 타 / 그 남자

예 别管他! Bié guǎn tā! 저 사람 신경 쓰지 마!

她 tā 여자 타 / 그 여자

예 她真是够可以的! Tā zhēnshi gòu kěyǐ de!
그 여자 진짜 심하다!

是 shì 옳을 시 / 옳다, …이다

예 不是我, 是你! Bú shì wǒ, shì nǐ!
내가 아니고, 너야!

非 fēi 아닐 비 / 그르다, 아니다

|非|非| | | | |

예 非言语所能形容
　　fēi yányǔ suǒ néng xíngróng
　　말로 표현할 수 있는 게 아니다

不 bù 아닐 불 / 아니다

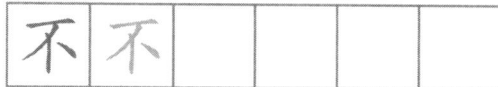

예 不会的! Bú huì de! 그럴 리 없어!

吗(嗎) ma 어조사 마 / …입니까?

예 你吃饭了吗? Nǐ chī fàn le ma?
　　너 밥 먹었니?

한자를 알면 중국어가 보인다

2획

卜 bǔ 점 복, bo(卜) 무 복

예) 预卜吉凶 yùbǔ jíxiōng 길흉을 점치다

几 jǐ 안석 궤 / 제향에 쓰는 기구
几(幾) jǐ 몇 기 / 몇

예) 你几岁? Nǐ jǐ suì? 너 몇 살이니?

了 le, liǎo 마칠 료 / 마치다
了(瞭) liǎo 밝을 료 / 이해하다

예) 他出去了吗? Tā chūqù le ma? 그는 나갔습니까?
真了不起! Zhēn liǎo bu qǐ! 정말 대단하다!
我了解! Wǒ liǎojiě! 알겠다!

厂(廠) chǎng 헛간 창 / 헛간, 공장

예) 学校邻近有工厂。
Xuéxiào línjìn yǒu gōngchǎng.
학교 인근에 공장이 있다.

力 lì 힘 력 / 힘

예) 无能为力 wú néng wéi lì
역부족이라 힘을 쓸 수 없다

儿(兒) ér 아이 아 / 아이

예) 谁是你儿子? Shéi shì nǐ érzi?
누가 당신 아들인가요?

2획 | 31

한자를 알면
중국어가 보인다

한자를 알면 중국어가 보인다

3획

凡 fán 무릇 범 / 무릇, 모두

예) 凡小孩子都能来玩儿。
Fán xiǎoháizi dōu néng lái wánr.
모든 어린이는 다 와서 놀 수 있다.

工 gōng 장인 공 / 장인, 노동

예) 我们工会是去年成立的。
Wǒmen gōnghuì shì qùnián chénglì de.
우리 노조는 작년에 설립되었다.

也 yě 어조사 야 / 어조사, …도

예) 我也是! Wǒ yě shì! 나도 그래!

寸 cùn 마디 촌 / 마디, 촌

예) 寸步不离 cùn bù bù lí
한 치도 떨어지지 않다

丈 zhàng 어른 장 / 어른, 길이 단위

예) 与丈夫反目 yǔ zhàngfu fǎnmù
남편과 반목하다

叉 chā 깍지낄 차 / 갈래, 어긋나다

예) 紧叉手 jǐn chā shǒu 손을 꼭 깍지 끼다

久 jiǔ 오랠 구 / 오래

예) 好久不见了! Hǎo jiǔ bú jiàn le!
오랜만이다!

勺 sháo 구기 작 / 국자, 주걱

예) 用勺子舀汤 yòng sháozi yǎo tāng
국자로 국을 뜨다

3획 | 33

干(幹) gān 줄기 간 / 줄기, 방패
gàn …을 하다

| 干 | 干 | | | | |

예 你干什么呢? Nǐ gàn shénme ne?
너 뭐하고 있니?

广(廣) guǎng 넓을 광 / 넓다

| 广 | 广 | | | | |

예 广场上有很多人。
Guǎngchǎng shàng yǒu hěn duō rén.
광장에 많은 사람들이 있다.

才 cái 재주 재 / 재주
才(纔) cái 겨우 재 / 겨우, 비로소

| 才 | 才 | | | | |

예 为国家培养人才。Wèi guójiā péiyǎng réncái.
국가를 위해 인재를 배양하다.
吭哧了半天才说出来。kēngchi le bàntiān
cái shuō chūlai. 한참 우물쭈물 대다 겨우 말했다.

与(與) yǔ, yù 베풀 여 / …와(과), 주다

| 与 | 与 | | | | |

예 人生与哲学 rénshēng yǔ zhéxué 인생과 철학
不要参与他们的事! Búyào cānyù tāmen de shì!
그들 일에 참여하지 마라!

么(麽) me 잘 마 / 잘다, 무엇

| 么 | 么 | | | | |

예 这是什么? Zhè shì shénme?
이것은 무엇입니까?

门(門) mén 문 문 / 문

| 门 | 门 | | | | |

예 把门关起来! Bǎ mén guān qǐlái!
문을 닫아라!

幺 yāo 작을 요 / 작다

| 幺 | 幺 | | | | |

예 我是老幺。Wǒ shì lǎoyāo. 나는 막내이다.

义(義) yì 옳을 의 / 옳다, 뜻

| 义 | 义 | | | | |

예 民主主义 mínzhǔ zhǔyì 민주주의

个(個) gè 낱 개 / 개(수량)

| 个 | 个 | | | | |

예 这个比那个好。Zhège bǐ nàge hǎo.
이것이 저것보다 좋다.

马(馬) mǎ 말 마 / 말

| 马 | 马 | | | | |

예 放马过来! Fàng mǎ guòlái! 덤벼라!

卫(衛) wèi 지킬 위 / 지키다

예 保家卫家 bǎo jiā wèi guó
집을 지키고 국가를 보위하다

亏(虧) kuī 어지러질 휴 / 손해, 부족하다, 다행히

예 幸亏考上了! Xìngkuī kǎo shàng le.
다행히 시험에 합격했다.

飞(飛) fēi 날 비 / 날다

예 坐飞机 zuò fēijī 비행기를 타다

习(習) xí 익힐 습 / 익히다, 배우다

예 学习汉语 xuéxí Hànyǔ 중국어를 공부하다

夕 xī 저녁 석 / 저녁

예 夕阳返照 xīyáng fǎnzhào 석양이 되비치다

乡(鄉) xiāng 시골 향 / 시골

예 你故乡在哪儿? Nǐ gùxiāng zài nǎr?
고향이 어디세요?

한자를 알면
중국어가 보인다

한자를 알면 중국어가 보인다

4획

今 jīn 이제 금 / 이제, 지금

예 至今还没有来信 zhìjīn hái méiyǒu láixìn
지금까지 편지가 없다

方 fāng 모 방 / 모, 각

예 正方形 zhèngfāngxíng 정사각형

心 xīn 마음 심 / 마음

예 放不下心 fàng bu xià xīn
마음을 놓지 못하다

公 gōng 공적 공 / 공적

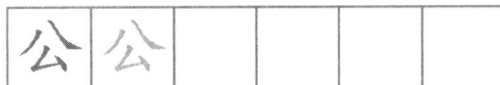

예 这不是公事吗? Zhè bú shì gōngshì ma?
이것은 공적인 일이지 않니?

文 wén 무늬 문 / 무늬, 채색

예 有名的文学家 yǒumíng de wénxuéjiā
유명한 문학가

夫 fū 지아비 부 / 지아비, 남편

예 她丈夫是个浪荡鬼。
Tā zhàngfū shì ge làngdàngguǐ.
그녀의 남편은 난봉꾼이다.

比 bǐ 견줄 비 / 비교하다

예 一比较就是天地之差。
Yì bǐjiào jiù shì tiāndì zhī chā.
비교하자면 천지 차이다.

友 yǒu 벗 우 / 벗, 친구

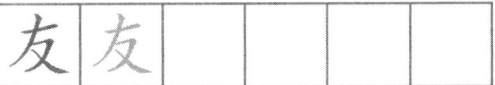

예 被坏朋友所污染
bèi huài péngyou suǒ wūrǎn 나쁜 친구에게 물들다

止 zhǐ 그칠 지 / 그치다

例 到此为止! Dàocǐ wéizhǐ!
이상으로 마치겠습니다!

戈 gē 창 과 / 창, 싸움

毛 máo 털 모 / 털

例 一毛不拔的铁公鸡
yì máo bù bá de tiěgōngjī
털 하나 안 뽑는 구두쇠

化 huà 될 화 / 되다, 변화하다

例 他好像态度有变化了。
Tā hǎoxiàng tàidu yǒu biànhuà le.
그는 태도가 변한 것 같다.

元 yuán 으뜸 원 / 으뜸, 근본

例 公元前三世纪初
gōngyuánqián sān shìjì chū 기원전 3세기 초

支 zhī 가를 지 / 가르다, 지출하다

例 削减不必要的开支
xuējiǎn bú bìyào de kāizhī
불필요한 지출을 삭감하다

孔 kǒng 구멍 공 / 구멍, 크다

例 孔子曰 Kǒngzǐ yuē 공자 왈

牙 yá 어금니 아 / 이빨

例 这糖不粘牙。 Zhè táng bù zhān yá.
이 사탕은 이빨에 들러붙지 않는다.
喝凉水都塞牙。 Hē liángshuǐ dōu sāi yá.
냉수를 마셔도 잇새에 낀다.(매사 조심하라)

仁 rén 어질 인 / 어질다

例 仁慈的老人 réncí de lǎorén 인자한 노인

仇 chóu 원수 구 / 원수

例 我一眼认出仇人。
Wǒ yìyǎn rèn chū chóurén.
나는 한 눈에 원수를 알아본다.

牛 niú 소우 / 소

예 你不要吹牛! Nǐ búyào chuīniú!
허풍 떨지 마라!

斤 jīn 도끼 근 / 도끼, 무게 단위

예 猪肉1斤多少钱?
Zhūròu yì jīn duōshao qián?
돼지고기 한 근에 얼마예요?

无(無) wú 없을 무 / 없다

예 这件事跟你无关。
Zhè jiàn shì gēn nǐ wú guān.
이 일은 너와 무관하다.

从(從) cóng 좇을 종 / 따르다, …부터

예 从现在开始 cóng xiànzài kāishǐ
지금부터 시작해서

贝(貝) bèi 조개 패 / 조개

예 在海滩上捡贝壳。
Zài hǎitān shang jiǎn bèiké.
해변에서 조개껍질을 줍다.

车(車) chē 수레 거 / 차

예 你会开车吗? Nǐ huì kāi chē ma?
운전할 줄 아세요?

气(氣) qì 기운 기 / 기운

예 天气冷不冷? Tiānqì lěng bu lěng?
날씨가 추운가요?

升 shēng 되 승
升(昇) shēng 오를 승 / 오르다

예 他们令我晋升。Tāmen lìng wǒ jìnshēng.
그들은 나를 승진시켰다.

长(長) cháng / 길다
zhǎng / 자라다

예 很长的时间 hěn cháng de shíjiān 아주 긴 시간
庄稼长得很茂盛。Zhuāngjia zhǎng de hěn màoshèng. 농작물이 무성하게 자랐다.

丰(豐) fēng 풍년 풍 / 풍성하다

예 让生活更丰盛
ràng shēnghuó gèng fēngshèng
생활을 더욱 풍성하게 하다

韦(韋) wéi 가죽 위 / 가죽

| 韦 | 韦 | | | |

厅(廳) tīng 관청 청 / 관청, 건물

| 厅 | 厅 | | | |

예) 他请我客厅里坐下。
Tā qǐng wǒ kètīng li zuòxià.
그는 나를 응접실로 안내했다.

专(專) zhuān 오로지 전 / 전문

| 专 | 专 | | | |

예) 她成了信息技术专家。
Tā chéng le xìnxī jìshù zhuānjiā.
그녀는 IT 전문가가 되었다.

历(歷) lì 지낼 역 / 지내다
历(曆) lì 책력 역 / 책력

| 历 | 历 | | | |

예) 历史上非常罕见。
Lìshǐ shàng fēicháng hǎnjiàn.
역사상 매우 보기 드문 일이다.

云 yún 이를 운 / 이르다, 말하다
云(雲) yún 구름 운 / 구름

| 云 | 云 | | | |

예) 万里无云 wàn lǐ wú yún
하늘 멀리까지 구름 한 점 없다

区(區) qū 지경 구 / 지역, 지구

| 区 | 区 | | | |

예) 汉族住居的地区 Hànzú zhùjū de dìqū.
한족들이 사는 지역

扎(紮) zā 묶을 찰 / 묶다   扎 zhā 찌르다
扎 zhá 안간 힘을 쓰다

| 扎 | 扎 | | | |

예) 扎架子 zā jiàzi 비계를 묶다
像针扎一样 xiàng zhēn zhā yíyàng 바늘로 찌르듯
扎挣上课 zházheng shàng kè 힘들어도 참고 수업하다

巨 jù 클 거 / 크다

| 巨 | 巨 | | | |

예) 巨型螺旋状UFO
jùxíng luóxuánzhuàng UFO 거대 나선형 UFO

艺(藝) yì 심을 예 / 기예, 심다

| 艺 | 艺 | | | |

예) 音乐是抒情性的艺术。
Yīnyuè shì shūqíngxìng de yìshù.
음악은 서정적인 예술이다.

仆(僕) pú 종 복 / 종, 하인

| 仆 | 仆 | | | |

예) 主仆关系 zhǔpú guānxi 주인과 종의 관계

币(幣) bì 비단 폐 / 비단, 예물, 돈

예 货币单位 huòbì dānwèi 화폐 단위

为(爲) wéi, wèi / …하다, …을 위해

예 严打卖淫行为 yándǎ màiyín xíngwéi
매춘 행위를 엄히 다스리다
都是为你好。Dōu shì wèi nǐ hǎo.
다 너를 위해서 그런 거야.

凶(兇) xiōng 흉악할 흉 / 흉악하다

예 那个凶犯立即被拘捕了。
Nàge xiōngfàn lìjí bèi jūbǔ le.
그 흉악범은 즉시 체포되었다.

斗 dòu 말 두 / 말(용량 단위)
斗(鬥) dòu 싸울 투 / 싸우다

예 同自然灾害作斗争
tóng zìrán zāihài zuò dòuzhēng
자연 재해와 싸우다

仓(倉) cāng 곳집 창 / 창고

예 清查仓库 qīngchá cāngkù
창고를 낱낱이 조사하다

鸟(鳥) niǎo 새 조 / 새

예 她把鸟放了。Tā bǎ niǎo fàng le.
그녀는 새를 풀어 주었다.

风(風) fēng 바람 풍 / 바람

예 风刮得很厉害。Fēng guā de hěn lìhai.
바람이 몹시 분다.

闩(門) shuān 빗장 산 / 빗장

예 打开门闩 dǎkāi ménshuān 문빗장을 열다

凤(鳳) fèng 봉새 봉 / 봉황

예 凤凰是祥瑞的神物。
Fènghuáng shì xiángruì de shénwù.
봉황새는 상서로운 신물이다.

办(辦) bàn 힘쓸 판 / …하다

예 怎么办? Zěnme bàn? 어떻게 하지?

忆(憶) yì 생각할 억 / 기억하다

예 藏在我们的记忆里。
Cáng zài wǒmen de jìyì li.
우리의 기억 속에 간직하다.

仅(僅) jǐn 겨우 근 / 겨우, 간신히

예 他年仅五十岁死了。
Tā nián jǐn wǔshí suì sǐ le.
그는 겨우 50세의 나이에 죽었다.

队(隊) duì 대 대 / 무리

예 不要插队! Búyào chāduì! 새치기 하지 마시오!

认(認) rèn 알 인 / 알다

예 你认识他吗? Nǐ rènshi tā ma?
당신 그 사람을 아세요?

订(訂) dìng 맺을 정 / 맺다, 주문하다

예 我要订位子。Wǒ yào dìng wèizi.
자리를 예약하려고 합니다.

计(計) jì 꾀 계 / 계획, 계략

예 他的计划流产了。Tā de jìhuà liúchǎn le.
그의 계획은 좌절되었다.

讣(訃) fù 부고 부 / 부고

예 通知讣告 tōngzhī fùgào 부고를 알리다

书(書) shū 글 서 / 글, 책

예 他送了我一本书。Tā sòng le wǒ yì běn shū.
그는 내게 책 한 권을 주었다.

劝(勸) quàn 권할 권 / 권하다

예 老师劝我读这本书。
Lǎoshī quàn wǒ dú zhè běn shū.
선생님이 내게 이 책을 읽으라고 권하셨다.

邓(鄧) dèng 나라 이름 등 / 나라 이름

예 邓小平 Dèng Xiǎopíng 등소평

双(雙) shuāng 쌍 쌍 / 쌍

| 双 | 双 | | | | |

예 一双筷子 yì shuāng kuàizi 젓가락 한 쌍

한자를 알면
중국어가 보인다

한자를 알면 중국어가 보인다

5획

立 lì 설 립 / 서다, 세우다

예) 建立不可磨灭的功勋
jiànlì bù kě mómiè de gōngxūn
소멸될 수 없는 공훈을 세우다

史 shǐ 역사 사 / 역사

예) 中国的历史很长。
Zhōngguó de lìshǐ hěn cháng.
중국의 역사는 길다.

可 kě 옳을 가 / 옳다, 가능하다

예) 那你可以回去! Nà nǐ kěyǐ huíqù!
그럼 돌아가도 좋아요!

叫 jiào 부를 규 / 부르다

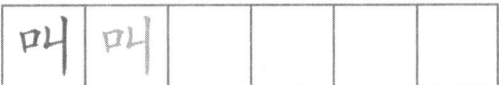

예) 妈妈叫你呢! Māma jiào nǐ ne!
엄마가 널 부르고 계신다!

玉 yù 구슬 옥 / 구슬

예) 玉钏子 yùchuànzi 옥팔찌

白 bái 흰 백 / 희다, 말하다

예) 头上包着一条白毛巾
tóu shang bāo zhe yì tiáo bái máojīn
머리에 하얀 수건을 두르다

世 shì 세상 세 / 세상, 세대

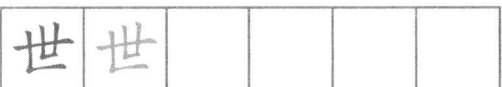

예) 这是什么世界! Zhè shì shénme shìjiè!
원 세상에!

古 gǔ 옛 고 / 옛날, 오래다

예) 由古代传下来的文化遗产
yóu gǔdài chuán xiàlai de wénhuà yíchǎn
고대로부터 전해 내려온 문화유산

付 fù 줄 부 / 주다, 붙이다

例 我来付钱! Wǒ lái fù qián! 내가 돈 낼게!

皮 pí 가죽 피 / 가죽

例 削苹果皮 xiāo píngguǒpí 사과껍질을 깎다

包 bāo 쌀 포 / 싸다, 포장하다

例 一包香烟 yì bāo xiāngyān 담배 한 갑

永 yǒng 길 영 / 길다, 오래

例 永恒的纪念 yǒnghéng de jìniàn 영원한 기념

主 zhǔ 주인 주 / 주인

例 国民是国家的主人。
Guómín shì guójiā de zhǔren.
국민이 국가의 주인이다.

市 shì 저자 시 / 시, 시장

例 在超市买东西 zài chāoshì mǎi dōngxi.
수퍼마켓에서 물건을 사다

功 gōng 공 공 / 공, 공로

例 炫耀自己的功劳 xuànyào zìjǐ de gōngláo
자신의 공로를 자랑하다

民 mín 백성 민 / 백성

例 榨取人民的血汗 zhàqǔ rénmín de xuèhàn
백성들의 피와 땀을 갈취하다

本 běn 뿌리 본 / 근본, 뿌리

例 法律要以正义为本。
Fǎlǜ yào yǐ zhèngyì wéi běn.
법률은 정의를 근본으로 해야 한다.

失 shī 잃을 실 / 잃다, 잘못

例 他失去了一切希望。
Tā shīqù le yíqiè xīwàng.
그는 모든 희망을 잃었다.

田 tián 밭 전 / 밭

| 田 | 田 | | | | |

예 田径赛项目 tiánjìngsài xiàngmù
육상경기 종목

平 píng 평평할 평 / 평평하다

| 平 | 平 | | | | |

예 表层凹凸不平 biǎocéng āotū bù píng
표면이 울퉁불퉁 고르지 않다

布 bù 베 포 / 베, 돈, 넓게 깔다
布(佈) bù 포고 포 / 포고하다

| 布 | 布 | | | | |

예 发出布告 fāchū bùgào 포고하다

瓜 guā 오이 과 / 오이, 박과 식물

| 瓜 | 瓜 | | | | |

예 这黄瓜长得不错!
Zhè huángguā zhǎng dé búcuò!
이 오이는 잘 자랐구나!

占(佔) zhàn 엿볼 점 / 엿보다
占 zhàn 차지할 점 / 차지하다

| 占 | 占 | | | | |

예 南京被日本占领了。
Nánjīng bèi Rìběn zhànlǐng le.
남경이 일본에게 점령당했다.

只 zhǐ 다만 지 / 단지, 다만
只(隻) zhī 새 한 마리 척 / 마리

| 只 | 只 | | | | |

예 只有天知道。Zhǐyǒu tiān zhīdao.
오직 하늘만이 안다.
包了一只船。Bāo le yì zhī chuán.
배 한 척을 전세 냈다.

叹(嘆) tàn 탄식할 탄 / 탄식하다

| 叹 | 叹 | | | | |

예 叹了一口气。Tàn le yì kǒuqì.
탄식하며 숨을 내쉬었다.

们(們) men 들 문 / 들, 무리

| 们 | 们 | | | | |

예 同学们都欺负她。
Tóngxué men dōu qīfu tā.
학우들이 모두 그녀를 괴롭힌다.

击(擊) jī 부딪칠 격 / 부딪치다

| 击 | 击 | | | | |

예 受打击 shòu dǎjī 큰 충격을 받다

扑(撲) pū 칠 박 / 치다

| 扑 | 扑 | | | | |

예 香味儿扑鼻。Xiāngwèir pū bí.
향기가 코를 찌른다.

节(節) jié 마디 절 / 마디

| 节 | 节 | | | | |

예) 一小节四拍。 Yì xiǎojié sì pāi.
한 마디가 4박자이다.

术(術) shù 꾀 술 / 지역, 지구

| 术 | 术 | | | | |

예) 专注于技术开发 Zhuānzhù yú jìshù kāifā
기술 개발에 전념하다

龙(龍) lóng 용 용 / 용

| 龙 | 龙 | | | | |

예) 他属龙。 Tā shǔ lóng. 그는 용띠이다.

灭(滅) miè 멸망할 멸 / 멸망하다

| 灭 | 灭 | | | | |

예) 遭到灭亡 zāodào mièwáng 멸망에 이르다

轧(軋) yà 삐걱거릴 알 / 치이다

| 轧 | 轧 | | | | |

예) 被车轧死 bèi chē yà sǐ 차에 치여 죽다

卢(盧) lú 밥그릇 로 / 밥그릇, 화로

| 卢 | 卢 | | | | |

厉(厲) lì 갈 려 / 갈다, 괴롭다

| 厉 | 厉 | | | | |

예) 疼得厉害不厉害? Téng de lìhai bu lìhai?
많이 아프세요?

业(業) yè 업 업 / 일, 사업, 직업

| 业 | 业 | | | | |

예) 努力提高业务水平
nǔlì tígāo yèwù shuǐpíng
업무 수준 제고에 노력하다

旧(舊) jiù 옛 구 / 옛, 오랜

| 旧 | 旧 | | | | |

예) 旧病复发 jiùbìng fù fā 옛날 병이 다시 돋다

帅(帥) shuài 장수 수 / 멋지다

| 帅 | 帅 | | | | |

예) 英俊帅气 yīngjùn shuàiqì 준수하고 멋지다

归(歸) guī 돌아갈 귀 / 돌아가다

| 归 | 归 | | | | |

예 向中国归还 xiàng Zhōngguó guīhuán
중국으로 귀환하다

丛(叢) cóng 모일 총 / 모이다, 모음

| 丛 | 丛 | | | | |

예 中国语文论丛 Zhōngguó yǔwén lùncóng
중국어문논총

叶(葉) yè 입 엽 / 잎사귀

| 叶 | 叶 | | | | |

예 根深叶茂 gēn shēn yè mào
뿌리가 깊고 잎이 무성하다

尔(爾) ěr 너 이 / 너

| 尔 | 尔 | | | | |

예 首尔 Shǒu'ěr 서울

号(號) hào 이름 호 / 부르짖다, 일

| 号 | 号 | | | | |

예 让5号替换3号 ràng wǔ hào tìhuàn sān hào
5번을 3번으로 교체시키다

处(處) chù, chǔ 곳 처 / 곳, 처하다

| 处 | 处 | | | | |

예 到处冒烟 dàochù mào yān 도처에서 연기가 나다
我们相处得很好。 Wǒmen xiāng chǔ de hěn hǎo.
우리는 서로 사이좋게 지낸다.

电(電) diàn 번개 전 / 전기

| 电 | 电 | | | | |

예 不要动我的电脑!
Búyào dòng wǒ de diànnǎo!
내 컴퓨터 건들지 마라!

鸟(鳥) niǎo 새 조 / 새

| 鸟 | 鸟 | | | | |

예 鸟在树上叫。 Niǎo zài shù shang jiào.
새가 나무 위에서 지저귄다.

仪(儀) yí 의례 의 / 의례, 의식

| 仪 | 仪 | | | | |

예 颁奖仪式 bānjiǎng yíshì 시상식

务(務) wù 일 무 / 일, 업무

| 务 | 务 | | | | |

예 完成任务 wánchéng rènwu 임무를 완수하다

饥(飢, 饑) jī 주릴 기 / 굶주리다

| 饥 | 饥 | | | |

汉(漢) hàn 한수 한 / 한나라, 사나이

| 汉 | 汉 | | | |

예 好汉识好汉 hǎohàn shí hǎohàn
사나이가 사나이를 알아보다

闪(閃) shǎn 번쩍할 섬 / 번쩍하다

| 闪 | 闪 | | | |

예 金光闪耀 jīnguāng shǎnyào 금빛이 반짝이다

宁(寧) níng 편안할 녕 / 편안하다

| 宁 | 宁 | | | |

头(頭) tóu 머리 두 / 머리

| 头 | 头 | | | |

예 把毛巾缠在头上。
Bǎ máojīn chán zài tóu shang.
수건을 머리 위로 감아올리다.

它 tā 다를 타 / 그것(사물, 짐승)

| 它 | 它 | | | |

예 你快抓住它! Nǐ kuài zhuā zhù tā!
빨리 그것을 붙잡으시오!

兰(蘭) lán 난초 란 / 난초

| 兰 | 兰 | | | |

예 君子兰 jūnzǐlán 난초

礼(禮) lǐ 예도 예 / 예의

| 礼 | 礼 | | | |

예 对他人无礼 duì tārén wúlǐ
남에게 무례하게 굴다

汇(匯) huì 물합할 회 / 물 돌다, 외화
汇(彙) huì 모을 휘 / 모으다

| 汇 | 汇 | | | |

예 外汇比价 wàihuì bǐjià 외화 환율
  汉语的词汇 Hànyǔ de cíhuì 중국어의 어휘

让(讓) ràng 사양할 양 / 사양하다, …하도록 시키다

| 让 | 让 | | | |

예 把位子让给他吧! Bǎ wèizi ràng gěi tā ba!
자리를 그에게 양보하시오!
  你让他去吧! Nǐ ràng tā qù ba!
그를 가게 해주세요!

讨(討) tǎo 칠 토 / 치다, 다스리다

例 没有必要再讨论了! Méiyǒu bìyào zài tǎolùn le!
다시 토론할 필요가 없다!

训(訓) xùn 가르칠 훈 / 가르치다

例 服从老师的教训 fúcóng lǎoshī de jiàoxun
선생님의 교훈을 따르다

议(議) yì 의논할 의 / 의논하다

例 参加会议 cānjiā huìyì 회의에 참가하다

记(記) jì 기록할 기 / 기록하다

例 详细的记载 xiángxì de jìzǎi 상세한 기록

边(邊) biān 가 변 / 가, 곁, 변, 쪽

例 请这边坐! Qǐng zhèbiān zuò!
이쪽에 앉으세요!

辽(遼) liáo 멀 요 / 멀다, 요원하다

发(發) fā 필 발 / 발생하다
发(髮) fà 터럭 발 / 머리카락

例 发生什么事? Fāshēng shénme shì?
무슨 일이 생긴 거야?
发型很漂亮。Fàxíng hěn piàoliang.
머리 스타일이 예쁘다.

圣(聖) shèng 성스러울 성 / 성스럽다

例 读圣经 dú shèngjīng 성경을 읽다

对(對) duì 대할 대 / …에 대해

例 对于这个问题 duìyú zhège wèntí
이 문제에 대해
对待人 duìdài rén 사람을 대하다

台 tái 별 태 / 별 **台(臺)** tái 돈대 대 / 돈대
台(颱) tái 태풍 태 / 태풍

例 受到台风的袭击 shòu dào táifēng de xíjī
태풍의 습격을 받다

纠(糾) jiū 꼴 규 / 꼬다, 합치다, 분규

纠	纠			

예 调解纠纷 tiáojiě jiūfēn 분규를 중재하다

丝(絲) sī 실 사 / 실

丝	丝			

예 把肉切成丝儿 bǎ ròu qiē chéng sīr
고기를 실 같이 썰다

动(動) dòng 움직일 동 / 움직이다

动	动			

예 动作十分呆板。Dòngzuò shífēn dāibǎn.
동작이 매우 단조롭다.

正 zhèng, zhēng 바를 정 / 바르다

正	正			

예 灌输正确的信念
guànshū zhèngquè de xìnniàn
올바른 관념을 불어넣다

한자를 알면 중국어가 보인다

6획

自 zì 스스로 자 / 스스로

自	自			

예) 自利自私 zì lì zì sī 이기주의

有 yǒu 있을 유 / 있다

有	有			

예) 你有没有时间? Nǐ yǒu mei yǒu shíjiān?
너 시간 있니?

在 zài 있을 재 / 있다, 존재하다

在	在			

예) 王先生在不在?
Wáng xiānsheng zài bu zài?
왕 선생님 계십니까?

先 xiān 먼저 선 / 먼저

先	先			

예) 你先走吧! Nǐ xiān zǒu ba! 너 먼저 가라!

光 guāng 빛 광 / 빛

光	光			

예) 生命之光为我开路。
Shēngmìng zhī guāng wèi wǒ kāi lù.
희망의 빛이 내게 길을 비춰준다.

如 rú 같을 여 / 같다

如	如			

예) 一天不如一天。Yìtiān bù rú yìtiān.
하루하루가 더 힘겹다.

合 hé 합할 합 / 합하다
合(閤) hé 쪽문 합 / 쪽문

合	合			

예) 中国菜合你的口胃吗? Zhōngguócài hé nǐ de kǒuwèi ma? 중국 음식이 네 입에 맞니?
不合道理 bù hé dàolǐ 도리에 맞지 않다

字 zì 글자 자 / 글자

字	字			

예) 写汉字 xiě Hànzì 한자를 쓰다

宇 yǔ 집 우 / 집, 처마

| 宇 | 宇 | | | |

예 探索宇宙的秘密　tànsuǒ yǔzhòu de mìmì
우주의 비밀을 탐색하다

曲 qǔ 노래 곡 / 노래, 곡조
　　qū 굽을 곡 / 굽다

| 曲 | 曲 | | | |

예 高歌一曲　gāo gē yì qǔ
큰 소리로 노래 한 곡 부르다
蜷曲的身体　quánqū de shēntǐ 굽은 몸

羊 yáng 양 양 / 양

| 羊 | 羊 | | | |

예 亡羊补牢　wáng yáng bǔ láo
양을 잃고 외양간을 고치다

竹 zhú 대 죽 / 대, 대나무

| 竹 | 竹 | | | |

예 竹竿披了。Zhúgān pī le.
대나무 장대가 쪼개졌다.

色 sè 빛 색 / 빛깔, 색

| 色 | 色 | | | |

예 日光有七色。Rìguāng yǒu qī sè.
햇빛은 7가지 색이 있다.

吃 chī 말더듬을 흘 / 먹다

| 吃 | 吃 | | | |

예 吃完了, 把碗碟撤下去吧!
Chī wán le, bǎ wǎndié chè xiàqu bā!
다 먹었으니 그릇들을 치워주세요!

好 hǎo 좋을 호 / 좋다, 옳다

| 好 | 好 | | | |

예 他是个好人。Tā shì ge hǎorén.
그는 좋은 사람이다.

耳 ěr 귀 이 / 귀

| 耳 | 耳 | | | |

예 掏耳朵　tāo ěrduo 귀를 파다

名 míng 이름 명 / 이름

| 名 | 名 | | | |

예 把他的名字勾掉　bǎ tā de míngzi gōu diào
그의 이름을 지워버리다

忙 máng 바쁠 망 / 바쁘다

| 忙 | 忙 | | | |

예 忙着张罗客人　máng zhe zhāngluó kèren
손님 접대하느라 바쁘다

危 wēi 위태할 위 / 위태하다

예 冒着危险直冲 mào zhe wēixiǎn zhíchōng
위험을 무릅쓰고 돌진하다

成 chéng 이룰 성 / 이루다

예 祝你成功! Zhù nǐ chénggōng! 성공을 빈다!

臣 chén 신하 신 / 신하

예 辅弼君主的大臣 fǔbì jūnzhǔ de dàchén
군주를 보필하는 신하

早 zǎo 새벽 조 / 이르다

예 这个我早就知道的!
Zhège wǒ zǎo jiù zhīdao de!
이건 내가 진작 알고 있었지!

安 ān 편안할 안 / 편안하다

예 祝您一路平安! Zhù nín yí lù píng'ān
편안한 여행 되세요!

亦 yì 또 이 / 또, 역시

예 亦步亦趋地学习 yìbù yìqū de xuéxí
맹목적으로 공부하다

共 gòng 함께 공 / 함께

예 家里一共有几个人?
Jiā li yígòng yǒu jǐ ge rén?
집안에 전부 몇 명이 있니?

存 cún 있을 존 / 있다, 존재하다

예 我思考, 因此存在。 Wǒ sīkǎo, yīncǐ cúnzài.
나는 생각한다. 고로 존재한다.

同 tóng 한가지 동 / 같다, 함께

예 这两个不是同一派的。
Zhè liǎng ge bú shì tóngyī pài de.
이 둘은 같은 유파가 아니다.

舌 shé 혀 설 / 혀

예 咂着舌头 zā zhe shétou 혀를 차다

吐 tù, tǔ 내뱉을 토 / 내뱉다, 토하다

예 一吃就吐 yì chī jiù tǔ 먹자마자 토하다

米 mǐ 쌀 미 / 쌀

예 舀米下锅 yǎo mǐ xià guō
쌀을 건져서 솥에 안치다

伏 fú 엎드릴 복 / 엎드리다

예 伏卧在地 fúwò zài dì 땅에 엎드리다

劣 liè 못할 열 / 열등하다

예 这不是劣等货。Zhè bú shì lièděnghuò.
이것은 날림으로 만든 물건이 아니다.

肉 ròu 고기 육 / 고기

예 这块肉有点儿发坏了。
Zhè kuài ròu yǒudiǎnr fāhuài le.
이 고기는 좀 상했다.

寺 sì 절 사 / 절, 사찰

예 少林寺 Shàolínsì 소림사

污 wū 더러울 오 / 더럽다

예 防止污染 fángzhǐ wūrǎn 오염을 방지하다

朱 zhū 붉을 주 / 붉다

예 朱元璋 Zhū Yuánzhāng 주원장

池 chí 못 지 / 못, 연못

예 池塘中开满了荷花。
Chítáng zhōng kāi mǎn le héhuā.
연못에 연꽃이 가득 피었다.

执(執) zhí 잡을 집 / 잡다

예 执著着名利 zhízhuó zhe mínglì
명리에 집착하다

巩(鞏) gǒng 묶을 공 / 묶다

| 巩 | 巩 | | | |

예 团结得很巩固 tuánjié de hěn gǒnggù
매우 공고하게 단결하다

场(場) chǎng 마당 장 / 마당

| 场 | 场 | | | |

예 商场 shāngchǎng 마트

圹(壙) guàng 광 광 / 구덩이

| 圹 | 圹 | | | |

亚(亞) yà, yǎ 버금 아 / 버금가다

| 亚 | 亚 | | | |

예 获得亚军 huòdé yàjūn 준우승을 차지하다

扩(擴) kuò 넓힐 확 / 넓히다

| 扩 | 扩 | | | |

예 扩大范围 kuòdà fànwéi 범위를 확대하다

朴 pǔ, piáo 후박나무 박 / 후박나무, 성씨

| 朴 | 朴 | | | |

예 朴素但不平庸 pǔsù dàn bù píngyōng
소박하지만 범속하지 않다

扫(掃) sǎo, sào 쓸 소 / 쓸다

| 扫 | 扫 | | | |

예 拿着扫把扫地 ná zhe sàobǎ sǎo dì
빗자루를 들고 바닥을 쓸다

机(機) jī 틀 기 / 틀, 기계

| 机 | 机 | | | |

예 操纵机器 cāozòng jīqì 기계를 조종하다

扬(揚) yáng 오를 양 / 오르다

| 扬 | 扬 | | | |

예 发扬光大 fā yáng guāng dà
발양광대(발양시켜 한층 더 빛내다)

权(權) quán 저울추 권 / 권리

| 权 | 权 | | | |

예 权利和义务 quánlì hé yìwù 권리와 의무

过(過) guò 지날 과 / 지나다

例 你去过香港没有?
Nǐ qù guo Xiānggǎng méiyǒu?
너 홍콩에 가 봤니?

夸(誇) kuā 자랑할 과 / 자랑하다

例 夸耀成功 kuāyào chénggōng 성공을 뽐내다

协(協) xié 맞을 협 / 맞다, 따르다

例 我应该协助他的工作。
Wǒ yīnggāi xiézhù tā de gōngzuò.
나는 그의 일에 협조해야 한다.

夺(奪) duó 빼앗을 탈 / 빼앗다

例 夺取王座 duóqǔ wángzuò
왕의 자리를 탈취하다

压(壓) yā 누를 압 / 누르다

例 压力很大。Yālì hěn dà. 압력(스트레스)이 크다.

达(達) dá 통할 달 / 통하다, 달하다

例 学费达一亿。Xuéfèi dá yí yì.
학비가 1억에 달한다.

厌(厭) yàn 싫을 염 / 싫다

例 令人讨厌 lìng rén tǎoyàn
사람을 짜증나게 하다

夹(夾) jiā 낄 협 / 끼다

例 用别针儿夹住 yòng biézhēnr jiā zhù
클립으로 끼워 넣다

页(頁) yè 머리 혈 / 머리, 쪽

例 第36页第17行 dì sānshí liù yè dì shí qī háng
36쪽 17째 줄

轨(軌) guǐ 길 궤 / 길, 궤도

例 长圆轨道 chángyuán guǐdào 타원 궤도

尧(堯) yáo 요임금 요 / 요임금

贞(貞) zhēn 곧을 정 / 곧다, 정숙하다

예 保持贞操 bǎochí zhēncāo 정조를 지키다

划(劃) huà 그을 획 / 긋다

예 你有什么样的计划?
Nǐ yǒu shénmeyàng de jìhuà?
너는 어떤 계획을 가지고 있니?

迈(邁) mài 갈 매 / 가다, 매진하다

예 迈不过理 mài bu guò lǐ 도리를 어길 수 없다

当(當) dāng, dàng 당할 당 / …이 되다, 당하다

예 当医生 dāng yīshēng 의사가 되다
上当学乖 shàng dàng xué guāi
속고 나서 영리해지다

尘(塵) chén 먼지 진 / 먼지, 티끌

예 尘土扑扑地飞起来。
Chéntǔ pūpū de fēi qǐlái. 먼지가 풀풀 날리다.

师(師) shī 스승 사 / 스승

예 老师教我们汉语。
Lǎoshī jiāo wǒmen Hànyǔ.
선생님이 우리에게 중국어를 가르친다.

吓(嚇) xià, hè 노할 혁 / 노하다, 놀라다

예 吓得心直扑腾 xià de xīn zhí pūténg
놀라서 가슴이 계속 두근거리다

毕(畢) bì 마칠 필 / 마치다

예 恭喜毕业! Gōngxǐ bìyè! 졸업 축하해!

虫(蟲) chóng 벌레 충 / 벌레

예 小虫蠕蠕而动。 Xiǎochóng rúrú ér dòng.
벌레가 슬금슬금 기어 다닌다.

团(團) tuán 둥글 단 / 둥글다, 모으다

| 团 | 团 | | | | |

예 集会结团 jí huì jié tuán
모여서 단체를 결성하다

刚(剛) gāng 굳셀 강 / 굳세다, 방금

| | | | | | |

예 他刚刚出门了。Tā gānggāng chū mén le.
그는 방금 집에서 나갔다.

岁(歲) suì 해 세 / 해, 나이

| 岁 | 岁 | | | | |

예 十三岁上中学 Shí sān suì shàng zhōngxué
13살에 중학교에 가다

网(網) wǎng 그물 망 / 그물, 인터넷

| 网 | 网 | | | | |

예 我几天没上网了。
Wǒ jǐ tiān méi shàng wǎng le.
나는 며칠 동안 인터넷 접속을 하지 못 했다.

回 huí 돌 회 / 돌아오다, 돌아가다

| 回 | 回 | | | | |

예 你什么时候回来? Nǐ shénme shíhou huílái?
언제 돌아오세요?

迁(遷) qiān 옮길 천 / 옮기다

| 迁 | 迁 | | | | |

예 日月推迁 rìyuè tuīqiān 세월이 변하다

岂(豈) qǐ 어찌 기 / 어찌

| 岂 | 岂 | | | | |

예 岂有此理! Qǐ yǒu cǐ lǐ!
뭐 이런 경우가 다 있지!

伟(偉) wěi 훌륭할 위 / 훌륭하다

| 伟 | 伟 | | | | |

예 伟大的成就 wěidà de chéngjiù 위대한 성취

则(則) zé 법 칙, 즉 / 법, 즉

| 则 | 则 | | | | |

예 遵守规则 zūnshǒu guīzé 규칙을 준수하다

传(傳) chuán 전할 전 / 전하다
　　　 zhuàn 이야기

| 传 | 传 | | | | |

예 继承优良传统 jìchéng yōuliáng chuántǒng
훌륭한 전통을 계승하다
〈莺莺传〉〈Yīngyīngzhuàn〉〈앵앵전〉

优(優) yōu 넉넉할 우 / 우수하다

예) 优秀的这学生 yōuxiù de xuésheng
우수한 학생

伤(傷) shāng 상처 상 / 상처, 다치다

예) 他伤了骨头。 Tā shāng le gǔtou.
그는 뼈를 다쳤다.

价(價) jià 값 가 / 값, 가격

예) 价钱太贵。 Jiàqian tài guì. 값이 너무 비싸다.

伦(倫) lún 인륜 륜 / 인륜, 윤리

예) 轻视社会伦理 qīngshì shèhuì lúnlǐ
사회 윤리를 경시하다

华(華) huá 빛날 화 / 빛나다

예) 中华人民共和国
Zhōnghuá rénmín gònghéguó 중화인민공화국

伪(僞) wěi 거짓 위 / 거짓, 허위

예) 憎恨伪善 Zēnghèn wěishàn 위선을 증오하다

向(向, 嚮) xiàng 향할 향 / 향하다

예) 指出方向 zhǐchū fāngxiàng 방향을 가리키다.

会(會) huì, kuài 모일 회 / 모이다

예) 开会 kāi huì 회의를 열다
会计 kuàijì 회계, 경리

杀(殺) shā 죽일 살 / 죽이다

예) 杀人灭口 shā rén miè kǒu
사람을 죽여 입을 막다

众(衆) zhòng 무리 중 / 무리

예) 压制群众的意见 yāzhì qúnzhòng de yìjian
군중의 의견을 누르다

杂(雜) zá 섞일 잡 / 섞이다

| 杂 | 杂 | | | | |

예 情况非常复杂了。 Qíngkuàng fēicháng fùzá le.
상황이 매우 복잡해졌다.

负(負) fù 질 부 / 지다

| 负 | 负 | | | | |

예 这件事由我来负责。
Zhè jiàn shì yóu wǒ lái fùzé.
이 일은 내가 책임진다.

壮(壯) zhuàng 씩씩할 장 / 씩씩하다

| 壮 | 壮 | | | | |

예 他身子很强壮。 Tā shēnzi hěn qiángzhuàng.
그는 체격이 매우 건장하다.

冲(衝) chōng 찌를 충 / 부딪치다

| 冲 | 冲 | | | | |

예 正面冲突 zhèngmiàn chōngtū 정면충돌하다

妆(妝) zhuāng 꾸밀 장 / 치장하다

| 妆 | 妆 | | | | |

예 化妆太农。 Huàzhuāng tài nóng.
화장이 너무 진하다.

庄(莊) zhuāng 풍성할 장 / 장엄하다
庄 zhuāng 농막 장 / 농막, 평평하다

| 庄 | 庄 | | | | |

예 庄严地宣布 zhuāngyán de xuānbù
장엄하게 선포하다

庆(慶) qìng 경사 경 / 경사

| 庆 | 庆 | | | | |

예 庆祝国庆 qìngzhù guóqìng 국경일을 경축하다

刘(劉) liú 죽일 류 / 죽이다, 베풀다

| 刘 | 刘 | | | | |

齐(齊) qí 조화할 제 / 가지런하다

| 齐 | 齐 | | | | |

예 都到齐了! Dōu dào qí le! 모두 다 도착했다!

冰(氷) bīng 얼음 빙 / 얼음, 차다

| 冰 | 冰 | | | | |

예 三客冰激凌 sān kè bīngjīlíng
아이스크림 3인분

产(産) chǎn 낳을 산 / 낳다

| 产 | 产 | | | |

例 生产成本 shēngchǎn chéngběn 생산 원가

汤(湯) tāng 끓일 탕 / 끓이다, 국

| 汤 | 汤 | | | |

例 把汤喝了吧! Bǎ tāng hē le ba! 국을 드세요!

闭(閉) bì 닫을 폐 / 닫다

| 闭 | 闭 | | | |

例 你闭嘴! Nǐ bì zuǐ! 입 닥쳐!

忏(懺) chàn 뉘우칠 참 / 뉘우치다

| 忏 | 忏 | | | |

例 虔心忏悔 qiánxīn chànhuǐ 경건한 참회

问(問) wèn 물을 문 / 묻다

| 问 | 问 | | | |

例 请问一下! Qǐng wèn yíxià!
말씀 좀 묻겠습니다!

兴(興) xīng, xìng 일어날 흥 / 일다, 일어나다

| 兴 | 兴 | | | |

例 事业兴旺。 Shìyè xīngwàng. 사업이 흥성하다.
你为什么不高兴? Nǐ wèishénme bù gāoxìng?
너 왜 기분이 나쁜 거지?

关(關) guān 빗장 관 / 닫다

| 关 | 关 | | | |

例 把门关上! Bǎ mén guān shang! 문을 닫아라!

军(軍) jūn 군사 군 / 군사

| 军 | 军 | | | |

例 他当陆军。 Tā dāng lùjūn. 그는 육군이 되었다.

灯(燈) dēng 등잔 등 / 등

| 灯 | 灯 | | | |

例 开灯 kāi dēng 등을 켜다

农(農) nóng 농사 농 / 농사

| 农 | 农 | | | |

例 弃农从商 qì nóng cóng shāng
농사를 접고 장사를 하다

讲(講) jiǎng 익힐 강 / 말하다

讲 | 讲 | | | |

예 讲道 jiǎngdào 설교하다

讼(訟) sòng 송사할 송 / 송사하다

讼 | 讼 | | | |

예 诉讼费用 sùsòng fèiyòng 소송 비용

讷(訥) nà 말더듬을 눌 / 말더듬다

讷 | 讷 | | | |

讽(諷) fěng 욀 풍 / 풍자하다

讽 | 讽 | | | |

예 讽刺有深味。 Fěngcì yǒu shēnwèi.
풍자에 깊은 의미가 담겨 있다.

许(許) xǔ 허락할 허 / 허락하다

许 | 许 | | | |

예 允许结婚 yǔnxǔ jiéhūn 결혼을 허락하다

设(設) shè 베풀 설 / 베풀다, 설치하다

设 | 设 | | | |

예 各种设施非常完备。
Gèzhǒng shèshī fēicháng wánbèi.
각종 시설이 잘 완비되었다.

讹(訛) é 그릇될 와 / 잘못되다

讹 | 讹 | | | |

예 我不是讹你啊! Wǒ bú shì é nǐ a!
내가 너한테 뒤집어씌우는 게 아니야!

访(訪) fǎng 찾을 방 / 찾다, 방문하다

访 | 访 | | | |

예 现在可以拜访您吗?
Xiànzài kěyǐ bàifǎng nín ma?
지금 방문해도 될까요?

论(論) lùn, Lún 논의할 논 / 논의하다

论 | 论 | | | |

예 讨论范围不限。 Tǎolùn fànwéi bú xiàn.
토론의 범위 제한이 없다.
《论语》《Lúnyǔ》《논어》

寻(尋) xún 찾을 심 / 찾다

寻 | 寻 | | | |

예 我要寻找钱包! Wǒ yào xúnzhǎo qiánbāo!
지갑을 찾아야 해요!

尽(盡) jìn, jǐn 다할 진 / 다하다

예 尽力而为 jìn lì ér wéi 최선을 다하다

异(異) yì 다를 이 / 다르다

예 有什么差异? Yǒu shénme chàyì?
무슨 차이가 있나요?

导(導) dǎo 이끌 도 / 이끌다

예 在他的领导之下 zài tā de lǐngdǎo zhī xià
그의 영도 하에

孙(孫) sūn 손자 손 / 손자

예 子孙满堂 zǐsūn mǎn táng
자손이 집에 가득하다

阵(陣) zhèn 줄 진 / 진지, 진영

예 攻击阵地 gōngjī zhèndì 적진을 공격하다

阶(階) jiē 섬돌 계 / 단계, 계단

예 决定性阶段 juédìngxìng jiēduàn
결정적인 단계

妇(婦) fù 며느리 부 / 며느리, 부인

예 新夫妇很相配。 Xīn fūfù hěn xiāngpèi.
신혼부부가 잘 어울린다.

戏(戲) xì 놀 희 / 놀다, 연극

예 你别戏弄她! Nǐ bié xìnòng tā!
그녀를 희롱하지 마라!

观(觀) guān 볼 관 / 보다

예 去观摩 qù guānmó 견학을 가다

欢(歡) huān 기뻐할 환 / 기뻐하다

예 欢迎你们! Huānyíng nǐmen!
너희들을 환영한다!

买(買) mǎi 살 매 / 사다

| 买 | 买 | | | |

예 买东西　mǎi dōngxi　물건을 사다

驰(馳) chí 달릴 치 / 달리다

| 驰 | 驰 | | | |

예 汽车在公路上驰骋。
　　Qìchē zài gōnglù shang chíchěng.
　　자동차가 도로를 내달리다.

红(紅) hóng 붉을 홍 / 붉다

| 红 | 红 | | | |

예 眼睛红了。　Yǎnjing hóng le.　눈이 빨개졌다.

纤(纖) xiān 가늘 섬 / 가늘다

| 纤 | 纤 | | | |

예 人造纤维　rénzào xiānwéi　인조 섬유

约(約) yuē 맺을 약 / 맺다

| 约 | 约 | | | |

예 你有约吗?　Nǐ yǒu yuē ma?　너 약속이 있니?

纪(紀) jì 벼리 기 / 실마리, 기록

| 纪 | 纪 | | | |

예 您多大年纪?　Nín duō dà niánjì?
　　연세가 어떻게 되시죠?

寿(壽) shòu 목숨 수 / 목숨

| 寿 | 寿 | | | |

예 举酒祝寿　jǔ jiǔ zhù shòu
　　잔을 들어 장수를 빌다

件 jiàn 사건 건 / 사건

| 件 | 件 | | | |

예 事件的底细　shìjiàn de dǐxi　사건의 내막

한자를 알면 중국어가 보인다

7획

言 yán 말씀 언 / 말, 말씀

예 言语和文字 yányǔ hé wénzì 언어와 문자

求 qiú 구할 구 / 구하다

예 卖友求荣 mài yǒu qiú róng 친구를 팔아 영예를 구하다

志 zhì 뜻 지 / 뜻, 의지

예 很有意志力 hěn yǒu yìzhìlì 의지가 강하다

作 zuò 지을 작 / 짓다, 하다

예 作功课 zuò gōngkè 공부하다

初 chū 처음 초 / 처음, 시작

예 这道是从太初就有的。
Zhè dào shì cóng tàichū jiù yǒu de.
태초에 말씀이 계셨으니.

走 zǒu 달릴 주 / 달리다, 가다

예 走来走去 zǒu lái zǒu qù 왔다 갔다 하다

免 miǎn 면할 면 / 면하다, 벗다

예 避免退步 bìmiǎn tuìbù 퇴보를 면하다

坐 zuò 앉을 좌 / 앉다

예 请这边坐！Qǐng zhèbiān zuò! 여기 앉으세요!

7획 | 67

宋 sòng 송나라 송 / 송나라

예 重修宋代的寺院 chóngxiū Sòngdài de sìyuàn
송대 사원을 재건하다

估 gū 값 고 / 값, 짐작하다

예 估不出高低 gū bu chū gāodī
높이를 가늠할 수 없다

身 shēn 몸 신 / 몸

예 你爸爸身体好吗? Nǐ bàba shēntǐ hǎo ma?
아버님 몸은 건강하신가요?

宏 hóng 클 굉 / 크다

예 宏朗的嗓音 hónglǎng de sǎngyīn
크고 낭랑한 목소리

快 kuài 쾌할 쾌 / 빠르다, 빨리

예 快来吧! Kuài lái ba! 빨리 와!

村 cūn 마을 촌 / 마을, 시골

예 说话太村 shuōhuà tài cūn
말이 너무 걸다(상스럽다)

成 chéng 이룰 성 / 이루다, …이 되다

예 成为谈资 chéngwéi tánzī 이야깃거리가 되다

杏 xìng 살구 행 / 살구, 은행

예 这个杏儿肉厚。 Zhège xìngr ròu hòu.
이 살구는 살이 두텁다.

助 zhù 도울 조 / 돕다

예 我帮助你! Wǒ bāngzhù nǐ! 내가 도와줄게!

兵 bīng 군사 병 / 군사, 병졸

예 服从命令的士兵 fúcóng mìnglìng de shìbīng
명령에 복종하는 사병

束 shù 묶을 속 / 묶다, 다발

예) 到此结束! Dào cǐ jiéshù!
이것으로 마치겠습니다!

困 kùn 괴로울 곤 / 괴롭다, 부족하다

예) 克服困难 kèfú kùnnan 곤란을 극복하다

吹 chuī 불 취 / 불다

예) 吹喇叭 chuī lǎba 나팔을 불다

扶 fú 도울 부 / 돕다, 떠받치다

예) 你把他扶起来! Nǐ bǎ tā fú qǐlái!
그를 부축해라!

何 hé 어찌 하 / 어찌

예) 无论如何 wúlùn rúhé 어쨌든

肚 dù 배 두 / 배, 복부

예) 我肚子好饿。Wǒ dùzi hǎo è.
배가 몹시 고프다.

忘 wàng 잊을 망 / 잊다

예) 你忘了吗? Nǐ wàng le ma? 너 잊었니?

私 sī 사사 사 / 개인

예) 私人企业 sīrén qǐyè 개인 기업

伴 bàn 짝 반 / 짝

예) 让我来给他做个伴儿。
Ràng wǒ lái gěi tā zuò ge bànr.
내가 그의 짝이 되게 해 주세요.

伯 bó 맏 백 / 백부

예) 称呼他伯父 chēnghu tā bófù
그를 아저씨라 부르다

形 xíng 모양 형 / 모양, 형태

例 这不能用语言形容。
Zhè bù néng yòng yǔyán xíngróng.
이건 말로 형용할 수 없다.

冷 lěng 찰 냉 / 차다

例 泼冷水 pō lěngshuǐ 찬물을 뿌리다

兔 tù 토끼 토 / 토끼

例 兔崽子 tùzǎizi 토끼새끼

判 pàn 판가름할 판 / 판단하다

例 很难判断谁对谁错。
Hěn nán pànduàn shéi duì shéi cuò.
누가 맞고 누가 틀리는지 판단하기가 어렵다.

汽 qì 김 기 / 증기

例 测验汽车性能 cèyàn qìchē xìngnéng
자동차 성능을 시험하다

君 jūn 임금 군 / 임금, 지도자

例 君臣皆庸暗。Jūnchén jiē yōng'àn.
임금과 신하 모두 용렬하다.

花(花) huā 꽃 화 / 꽃

例 插花插得很漂亮。
Chā huā chā de hěn piàoliang.
꽃꽂이를 예쁘게 한다.

豆 dòu 콩 두 / 콩

例 一碗豆浆 yì wǎn dòujiāng 콩국 한 그릇

麦(麥) mài 보리 맥 / 보리

例 大麦快熟了。Dàmài kuài shóu le.
보리가 거의 익었다.

芽(芽) yá 싹 아 / 싹

例 喝豆芽汤 hē dòuyátāng 콩나물국을 먹다

芹(芹) qín 미나리 근 / 미나리

예) 炝芹菜 qiàng qíncài 미나리를 데쳐 무치다

玛(瑪) mǎ 옥돌이름 마 / 마노

进(進) jìn 나아갈 진 / 나아가다

예) 我们进去! Wǒmen jìnqù! 우리 들어갑시다!

违(違) wéi 어길 위 / 어기다

예) 违规处罚 wéi guī chǔ fá
규칙을 어겨 처벌하다

运(運) yùn 돌 운 / 돌다, 운행하다

예) 缩短运行时间 suōduǎn yùnxíng shíjiān
운행 시간을 단축하다

抚(撫) fǔ 어루만질 무 / 어루만지다

예) 男人抚慰女人。 Nánrén fǔwèi nǚrén.
남자가 여자를 애무하다.

迎(迎) yíng 맞이할 영 / 맞이하다

예) 红旗迎风飘扬。 Hóngqí yíng fēng piāoyáng.
붉은 깃발이 바람에 나부끼다.

坛(壇) tán 단 단 / 단, 뜰

예) 登坛求雨 dēng tán qiú yǔ
제단에 올라 비를 기원하다

坏(壞) huài 무너질 괴 / 무너지다, 나쁘다

예) 破坏社会秩序 pòhuài shèhuì zhìxù
사회 질서를 파괴하다
我不是坏人! Wǒ bú shì huàirén!
나 나쁜 사람 아니야!

扰(擾) rǎo 어지러울 요 / 어지럽다

예) 打扰你了! Dǎrǎo nǐ le! 내가 폐를 끼쳤구나!

7획

坝(壩) bà 방죽 패 / 방죽, 댐

| 坝 | 坝 | | | |

예 大坝挡住了洪水。 Dà bà dǎng zhù le hóngshuǐ.
큰 댐이 홍수를 막았다.

护(護) hù 보호할 호 / 보호하다

| 护 | 护 | | | |

예 你总是护着他! Nǐ zǒngshì hù zhe tā!
너는 항상 그를 감싸는구나!

贡(貢) gòng 바칠 공 / 바치다

| 贡 | 贡 | | | |

예 做出贡献 zuò chū gòngxiàn 공헌하다

壳(殼) qiào, ké 껍질 각 / 껍질

| 壳 | 壳 | | | |

예 捡贝壳 jiǎn bèiké 조개껍질을 줍다

折 zhé 꺾을 절 / 꺾다, 깎다
折(摺) zhé 접을 접 / 접다

| 折 | 折 | | | |

예 打折 dǎzhé 할인하다
　折叠报纸 zhédié bàozhǐ 신문지를 접다

块(塊) kuài 흙덩이 괴 / 덩어리

| 块 | 块 | | | |

예 一块猪肉 yí kuài zhūròu 돼지고기 한 덩이

抢(搶) qiǎng 닿을 창 / 닿다, 빼앗다

| 抢 | 抢 | | | |

예 抢东西去 qiǎng dōngxi qù 물건을 뺏어가다

声(聲) shēng 소리 성 / 소리

| 声 | 声 | | | |

예 很大的声音 hěn dà de shēngyīn
매우 큰 소리

坟(墳) fén 무덤 분 / 무덤

| 坟 | 坟 | | | |

예 在坟墓前面 zài fénmù qiánmiàn 무덤 앞에서

报(報) bào 갚을 보 / 갚다, 알리다

| 报 | 报 | | | |

예 报告新闻 bàogào xīnwén 뉴스를 알리다

拟(擬) nǐ 헤아릴 의 / 헤아리다, 모방하다

| 拟 | 拟 | | | | |

예 模拟他人的作品 mónǐ tārén de zuòpǐn
타인의 작품을 모방하다

芜(蕪) wú 거칠어질 무 / 거칠다

| 芜 | 芜 | | | | |

예 开垦荒地 kāikěn huāngdì 황무지를 개간하다

苇(葦) wěi 갈대 위 / 갈대

| 苇 | 苇 | | | | |

예 拨开芦苇 bōkāi lúwěi 갈대를 헤치다

苍(蒼) cāng 푸를 창 / 푸르다

| 苍 | 苍 | | | | |

예 苍翠的山峦 cāngcuì de shānluán
검푸른 산봉우리

严(嚴) yán 엄할 엄 / 엄하다, 심하다

| 严 | 严 | | | | |

예 伤势很严重。 Shāngshì hěn yánzhòng.
상처가 매우 심하다.

芦(蘆) lǔ 갈대 로 / 갈대

| 芦 | 芦 | | | | |

劳(勞) láo 일할 로 / 일하다

| 劳 | 劳 | | | | |

예 轻视体力劳动 qīngshì tǐlì láodòng
육체노동을 경시하다

克(剋) kè 이길 극 / 이기다, 극하다

| 克 | 克 | | | | |

예 相生相克 xiāngshēng xiāngkè 상생상극

吨 dūn 톤 톤 / 톤, 무게 단위

| 吨 | 吨 | | | | |

예 装5吨 zhuāng wǔ dūn 5톤을 싣다

苏(蘇) sū 깨어날 소 / 소생하다

| 苏 | 苏 | | | | |

예 靠人工呼吸苏醒过来
kào réngōng hūxī sūxǐng guòlái
인공호흡으로 다시 살아나다

极(極) jí 다할 극 / 다하다

예 好极了! Hǎo jí le! 아주 좋아!

杨(楊) yáng 버들 양 / 버들

예 杨贵妃 Yáng Guìfēi 양귀비

两(兩) liǎng 두 량 / 둘

예 两个少年 liǎng ge shàonián 두 명의 소년

丽(麗) lì 고울 려 / 곱다, 아름답다

예 美丽的花儿 měilì de huār 아름다운 꽃

医(醫) yī 의원 의 / 의원, 의사

예 当医生 dāng yīshēng 의사가 되다

励(勵) lì 힘쓸 려 / 힘쓰다

예 激励将兵 jīlì jiàngbīng 장병을 격려하다

还(還) huán 돌아올 환 / 돌아오다
    hái 아직, 여전히, 그냥

예 把铅笔还给他! Bǎ qiānbǐ huán gěi tā!
연필을 그에게 돌려주어라!
怎么还没来? Zěnme hái méi lái?
왜 아직 안 오지?

来(來) lái 올 래 / 오다

예 你来得正好! Nǐ lái de zhèng hǎo!
너 마침 잘 왔다!

轩(軒) xuān 추녀 헌 / 추녀, 집

连(連) lián 잇닿을 연 / 잇닿다

예 连这个也不懂吗!
Lián zhège yě bù dǒng ma? 이것도 모르니?

卤(鹵, 滷) lǔ 소금 로 / 소금

呆(獃) dāi 어리석을 애(태) / 어리석다

예 老年性痴呆 lǎoniánxìng chīdāi 노인성 치매

坚(堅) jiān 굳을 견 / 굳다

예 吃坚果 chī jiānguǒ 견과를 먹다

园(園) yuán 동산 원 / 동산

예 去公园散散步 qù gōngyuán sànsan bù
공원에 가서 산책하다

时(時) shí 때 시 / 때

예 什么时候 shéme shíhou 언제

旷(曠) kuàng 밝을 광 / 밝다, 넓다, 빼먹다

예 旷一堂课 kuàng yì táng kè
수업 1시간을 빼먹다

县(縣) xiàn 고을 현 / 고을

围(圍) wéi 둘레 위 / 둘레

예 别墅周围是树林。Biéshù zhōuwéi shì shùlín.
별장 주위는 숲이다.

里(裏, 裡) lǐ 속 리 / 속, 안

예 笼子里的鸟 lóngzi li de niǎo 새장 속의 새

邮(郵) yóu 역참 우 / 역참

예 到邮局领取 dào yóujú lǐngqǔ
우체국에 가서 수령하다

困 kùn 괴로울 곤 / 괴롭다, 졸리다

例 你困了就先睡吧!
Nǐ kùn le jiù xiān shuì ba!
졸리면 너 먼저 자라!

床 chuáng 상 상 / 침대, 침상

例 七点起床 qī diǎn qǐchuáng 7시에 일어나다

孝 xiào 효도 효 / 효도

例 尽孝 jìn xiào 효도를 다하다

更 gēng, gèng 다시 경 / 다시, 더욱

例 更衣室 gēngyīshì 탈의실
空肚效果更好。Kōngdù xiàoguǒ gèng hǎo.
공복에 효과가 훨씬 좋다.

员(員) yuán 수효 원 / 수효

例 我想当公务员。Wǒ xiǎng dāng gōwùyuán.
나는 공무원이 되고 싶다.

呗(唄) bài 찬불 패 / 찬불
bei …하면 그만이다

例 你不会说汉语就学呗!
Nǐ bú huì shuō Hànyǔ jiù xué bei!
중국어를 못하면 배우면 되는 거야!

听(聽) tīng 들을 청 / 듣다

例 各位听众朋友! Gèwèi tīngzhòng péngyou!
청취자 여러분!

呛(嗆) qiāng 사래들 창 / 사래들다

例 水喝猛了，呛出来。
Shuǐ hē měng le, qiāng chūlái.
물을 급히 마시다가 사래가 들렸다.

呜(嗚) wū 탄식소리 / 탄식소리

别(別) bié 나눌 별 / 나누다, …하지 마라

例 突然告别了。Tūrán gàobié le.
갑자기 이별을 고했다.
你别告诉他! Nǐ bié gàosu tā!
그 사람에게 말하지 마세요!

财(財) cái 재물 재 / 재물

예 图财害命 tú cái hài mìng
재산을 탐하여 살해하다

岗(崗) gǎng 언덕 강 / 언덕

예 交班下岗 jiāo bān xià gǎng
근무 교대하고 퇴근하다

帐(帳) zhàng 휘장 장 / 휘장, 천막

예 搭帐篷 dā zhàngpéng 천막을 치다

针(針) zhēn 바늘 침 / 바늘

예 吃药打针 chī yào dǎ zhēn
약을 먹고 침을 맞다

钉(釘) dīng, dìng 못 정 / 못, 못 박다

예 衣服被钉子撕破了。 Yīfu bèi dīngzi sīpò le.
옷이 못에 걸려 찢어졌다.
　 钉钉子 dìng dīngzi 못을 박다

乱(亂) luàn 어지러울 란 / 어지럽다

예 造成社会混乱 zàochéng shèhuì hùnluàn
사회 혼란을 조성하다

体(體) tǐ 몸 체 / 몸

예 他病后身体软弱了。
　 Tā bìng hòu shēntǐ ruǎnruò le.
그는 병을 앓고 나서 몸이 허약해졌다.

佣(傭) yōng 품팔이 용 / 품팔이

예 女佣人 nǚ yōngrén 여자 하인

彻(徹) chè 통할 철 / 통하다

예 贯彻意志 guànchè yìzhì 의지를 관철하다

余 yú 나 여 / 나
余(餘) yú 남을 여 / 남다

예 有充分考虑的余地。
　 yǒu chōngfèn kǎolǜ de yúdì.
충분히 고려할 여지가 있다.

谷 gǔ 골 골 / 골짜기
谷(穀) gǔ 곡식 곡 / 곡식

谷	谷			

예 狭长的山谷 xiácháng de shāngǔ
좁고 긴 산골짜기
割谷 gē gǔ 곡식을 베다

鸠(鳩) jiū 비둘기 구 / 비둘기

鸠	鸠			

예 绿鸠 lǜjiū 청비둘기

邻(隣) lín 이웃 린 / 이웃

邻	邻			

예 邻居好, 胜金宝。 Línjū hǎo, shèng jīnbǎo.
좋은 이웃은 금은보화보다 낫다.

条(條) tiáo 가지 조 / 가지

条	条			

예 几个条件 jǐ ge tiáojiàn 몇 가지 조건

肠(腸) cháng 창자 장 / 창자

肠	肠			

예 像肠子一样细长
xiàng chángzi yíyàng xìcháng
창자처럼 가늘고 길다

岛(島) dǎo 섬 도 / 섬

岛	岛			

예 半岛国家 bàndǎo guójiā 반도국가

龟(龜) guī 거북 귀 / 거북

龟	龟			

예 龟甲 guījiǎ 거북이 껍데기

邹(鄒) zōu 나라이름 추 / 나라이름

邹	邹			

犹(猶) yóu 오히려 유 / 오히려

犹	犹			

예 过犹不及 guò yóu bù jí
과유불급(지나치면 미치지 못함과 같다)

饨(飩) tún 찐만두 돈 / 찐만두

饨	饨			

예 馄饨面 húntúnmiàn 혼돈면

饭(飯) fàn 밥 반 / 밥

예 石锅拌饭 shíguō bànfàn 돌솥비빔밥

床(牀) chuáng 침상 상 / 침상

예 上床 shàng chuáng 침상에 오르다

饮(飲) yǐn 마실 음 / 마시다

예 喝碳酸饮料 hē tànsuān yǐnliào
탄산음료를 마시다

库(庫) kù 곳집 고 / 곳간, 창고

예 仓库里的铲子 cāngkù li de chǎnzi
창고 안에 있는 삽

系 xì 이을 계 / 잇다 系(係) xì 걸릴 계 / 걸리다
系(繫) xì, jì 맬 계 / 매다

예 刺激神经系统 cìjī shénjīng xìtǒng
신경계통을 자극하다
系好安全带 jì hǎo ānquándài
안전벨트를 매다

疗(療) liáo 병고칠 료 / 병고치다

예 长期治疗 chángqī zhìliáo 장기 치료

状(狀) zhuàng 형상 상 / 형상

예 收发状态不好。Shōufā zhuàngtài bù hǎo.
송수신 상태가 좋지 않다.

疖(癤) jiē 부스럼 절 / 부스럼

예 引起满身疮疖 yǐnqǐ mǎnshēn chuāngjiē
온 몸에 부스럼을 일으키다

亩(畝) mǔ 이랑 무(묘) / 이랑

예 公亩 gōngmǔ 6000평방척(尺)

应(應) yīng, yìng 응할 응 / 응하다

예 你应该这么做! Nǐ yīnggāi zhème zuò!
그렇게 해야 마땅해!
善于应酬 shàn yú yìngchou
응대하는 데에 익숙하다

这(這) zhè 이 저 / 이, 이것

| 这 | 这 | | | |

예) 这是什么？ Zhè shì shénme?
이것은 무엇입니까?

间(間) jiān, jiàn 틈 간 / 틈, 사이

| 间 | 间 | | | |

예) 夫妇之间　fūfù zhī jiān　부부지간
不能间隔　bù néng jiàn gé
칸막이를 할 수 없다

庐(廬) lú 오두막집 려 / 오두막집

| 庐 | 庐 | | | |

예) 三顾茅庐　sān gù máo lú　삼고초려

闵(閔) mín 위문할 민 / 위문하다

| 闵 | 闵 | | | |

弃(棄) qì 버릴 기 / 버리다

| 弃 | 弃 | | | |

예) 放弃原来的计划　fàngqì yuánlái de jìhuà
원래 계획을 포기하다

闷(悶) mèn 번민할 민 / 번민하다

| 闷 | 闷 | | | |

예) 吐露自己的苦闷　tǔlù zìjǐ de kǔmèn
자기 고민을 토로하다

闰(閏) rùn 윤달 윤 / 윤달

| 闰 | 闰 | | | |

예) 闰月　rùnyuè　윤달

灿(燦) càn 빛날 찬 / 빛나다

| 灿 | 灿 | | | |

예) 五色灿烂　wǔsè cànlàn　오색찬란하다

闲(閑) xián 막을 한 / 막다, 한가롭다

| 闲 | 闲 | | | |

예) 过悠闲的生活　guò yōuxián de shēnghuó
한가로운 생활을 보내다

灶(竈) zào 부엌 조 / 부엌, 아궁이

| 灶 | 灶 | | | |

예) 把炉灶清理干净　bǎ lúzào qīnglǐ gānjìng
부뚜막을 깨끗이 청소하다

炀(煬) yáng 쇠녹일 양 / 말리다, 쬐다

怀(懷) huái 품을 회 / 품다

例 怀有异心 huáiyǒu yìxīn 딴 마음을 품다

沦(淪) lún 물놀이 륜 / 물놀이, 빠지다

例 他沦为乞丐。 Tā lún wéi qǐgài.
그는 몰락하여 거지가 되었다.

忧(憂) yōu 근심할 우 / 근심하다

例 令人担忧 lìng rén dānyōu 사람을 걱정시키다

沟(溝) gōu 봇도랑 구 / 도랑, 하수

例 心灵的沟通 xīnlíng de gōutōng 영적 소통

灾(災) zāi 재난 재 / 재난, 재앙

例 救济灾区人民 jiùjì zāiqū rénmín
재난지역 사람들을 구호하다

沈 shěn, shén 가라앉을 심 / 빠지다

穷(窮) qióng 다할 궁 / 궁핍하다

例 以贫穷为借口 yǐ pínqióng wéi jièkǒu
가난을 핑계 삼다

沉 chén 잠길 침 / 잠기다, 가라앉다

例 向下沉没 xiàng xià chénmò 밑으로 가라앉다

证(證) zhèng 증거 증 / 증거

例 证人出庭作证 zhèngrén chū tíng zuò zhèng
증인이 법정에 가서 증언하다

启(啓) qǐ 열 계 / 열다

예 启示录 qǐshìlù 계시록

评(評) píng 평론할 평 / 평론하다

예 不好评理 bù hǎo pínglǐ
시비를 가리기 어렵다

补(補) bǔ 기울 보 / 보충하다

예 再补充一点 zài bǔchōng yìdiǎn
좀 더 보충하다

诅(詛) zǔ 저주할 저 / 저주하다

예 我诅咒这些败类！ wǒ zǔzhòu zhèxiē bàilèi!
나는 이 몹쓸 것들을 저주한다!

识(識) shí 알 식 / 알다

예 他眼窝儿浅，见识不够。
Tā yǎnwōr qiǎn, jiànshi bú gòu.
그는 안목이 좁고 식견이 부족하다.

诈(詐) zhà 속일 사 / 속이다

예 他爱诈关儿，你别上当！
Tā ài zhàguānr, nǐ bié shàng dàng!
그는 잘 속이니까 속지마라!

诉(訴) sù 하소연할 소 / 하소연하다

예 诉了半天屈 sù le bàntiān qū
한참을 하소연하다

诊(診) zhěn 볼 진 / 보다

예 诊疗 zhěnliáo 진료하다

词(詞) cí 말씀 사 / 말씀, 단어

예 这个词怎么念？ Zhège cí zěnme niàn?
이 단어는 어떻게 읽나요?

诏(詔) zhào 고할 조 / 고하다

예 下诏 xià zhào 조서를 내리다

灵(靈) líng 신령 령 / 신령, 영험하다

예 心灵手巧 xīn líng shǒu qiǎo
영리하고 손재주가 좋다

层(層) céng 층 층 / 층

예 七层大楼 qī céng dàlóu 칠층 빌딩

迟(遲) chí 늦을 지 / 늦다

예 迟迟不决 chíchí bù jué
우물쭈물하며 결정을 못 내리다

张(張) zhāng 베풀 장 / 베풀다, 장

예 把几张发票别在一起
bǎ jǐ zhāng fāpiào bié zài yìqǐ
영수증 몇 장을 클립하다

际(際) jì 사이 제 / 사이, 경계

예 人际关系 rénjì guānxi 사람 간의 관계

陆(陸) lù 뭍 육 / 육지

예 地震使陆地沉入大海。
Dìzhèn shǐ lùdì chénrù dàhǎi.
지진으로 육지가 바다에 잠겼다.

陈(陳) chén 늘어놓을 진 / 늘어놓다

예 把样品陈放在展柜里
Bǎ yàngpǐn chénfàng zài zhǎnguì li
샘플을 진열대 안에 늘어놓다

坠(墜) zhuì 떨어질 추 / 떨어지다

예 客机坠落于山上。
Kèjī zhuìluò yú shān shang.
여객기가 산 위에 추락했다.

劲(勁) jìn, jìng 굳셀 경 / 굳세다

예 多运动可以长劲儿。Duō yùndòng kěyǐ
zhǎng jìnr. 많이 운동하면 힘이 강해진다.
强劲 qiángjìng 강하다

鸡(鷄) jī 닭 계 / 닭

예 孵小鸡 fū xiǎojī 병아리를 부화하다

纬(緯) wěi 씨 위 / 가로

| 纬 | 纬 | | | | |

㉠ 北纬三十八度　běiwěi sānshí bā dù
　北위 38도

驱(驅) qū 몰 구 / 몰다

| 驱 | 驱 | | | | |

㉠ 驱马前进　qū mǎ qiánjìn
　말을 몰고 앞으로 나아가다

纯(純) chún 생사 순 / 순수하다

| 纯 | 纯 | | | | |

㉠ 纯粹的北京话　chúncuì de Běijīnghuà
　순수한 북경어

纱(紗) shā 깁 사 / 견직물

| 纱 | 纱 | | | | |

㉠ 沙龙　shālóng　살롱

纲(綱) gāng 벼리 강 / 벼리

| 纲 | 纲 | | | | |

㉠ 三纲五伦　sāngāng wǔlún　삼강오륜

纳(納) nà 바칠 납 / 바치다

| 纳 | 纳 | | | | |

㉠ 纳税凭证　nàshuì píngzhèng　납세 증명서

纺(紡) fǎng 자을 방 / 실을 뽑다

| 纺 | 纺 | | | | |

㉠ 在纺纱厂做工　zài fǎngshāchǎng zuògōng
　방직공장에서 일하다

纷(紛) fēn 어지러워질 분 / 어지럽다, 분쟁

| 纷 | 纷 | | | | |

㉠ 与我们无关的纠纷
　yǔ wǒmen wúguān de jiūfēn
　나와 상관없는 분쟁

纸(紙) zhǐ 종이 지 / 종이

| 纸 | 纸 | | | | |

㉠ 抛光纸　pāoguāngzhǐ　연마지

驳(駁) bó 얼룩말 박 / 어긋나다

| 驳 | 驳 | | | | |

㉠ 当面回驳　dāngmiàn huíbó　면전에서 반박하다

纵(縱) zòng 늘어설 종 / 늘어서다

纵	纵				

예 纵向联系 zòngxiàng liánxì
상하 연계, 수직 관계

纹(紋) wén 무늬 문 / 무늬

纹	纹				

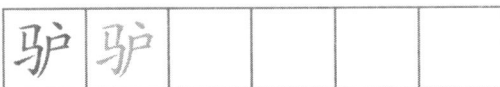

纽(紐) niǔ 끈 뉴 / 끈

纽	纽				

예 纽约 Niǔyuē 뉴욕

驴(驢) lǘ 당나귀 려 / 당나귀

驴	驴				

예 驴唇不对马嘴 lǘchún bú duì mǎzuǐ
말의 앞뒤가 맞지 않다

한자를 알면
중국어가 보인다

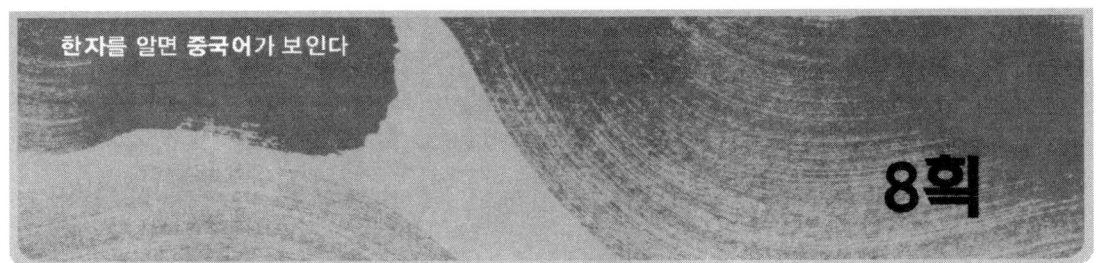

한자를 알면 중국어가 보인다 — 8획

知 zhī 알 지 / 알다

예) 我不知道! Wǒ bùzhīdào! 나는 모른다!

固 gù 굳을 고 / 굳다, 단단하다

예) 别太固执了! Bié tài gùzhí le! 너무 고집부리지 마라!

果 guǒ 실과 과 / 열매

예) 果树栽培知识 guǒshù zāipéi zhīshi 과수 재배 지식

味 wèi 맛 미 / 맛, 맛보다

예) 味道怎么样? Wèidao zěnmeyàng? 맛이 어때요?

姓 xìng 성 성 / 성씨

예) 我姓李! Wǒ xìng Lǐ! 저는 성이 이(李)가입니다!

朋 péng 벗 붕 / 벗, 친구

예) 你真够朋友! Nǐ zhēn gòu péngyou! 자네는 정말 좋은 친구야!

性 xìng 성질 성 / 성품, 성질

예) 他的性情十分凶狠。 Tā de xìngqíng shífēn xiōnghěn. 그는 성품이 아주 악독하다.

定 dìng 정할 정 / 정하다

예) 你决定了没有? Nǐ juédìng le méiyǒu? 너 결정했니?

卑 bēi 낮을 비 / 낮다, 천하다

예 你这个卑鄙的东西! Nǐ zhè bēibǐ de dōngxī!
이런 비겁한 녀석!

宗 zōng 마루 종 / 근원, 근본

예 正宗韩国菜 zhèngzōng Hánguócài
정통 한식

命 mìng 목숨 명 / 목숨, 명

예 你没命了! Nǐ méi mìng le!
너는 이제 죽었다!

炎 yán 불꽃 염 / 불꽃, 뜨겁다

예 伤口发炎了。 Shāngkǒu fāyán le.
상처에 염증이 났다.

宙 zhòu 집 우 / 집, 하늘

예 探索宇宙的秘密 tànsuǒ yǔzhòu de mìmì
우주 비밀을 탐색하다

屈 qū 굽을 굴 / 굽다, 굽히다

예 把铁丝屈过来 Bǎ tiěsī qū guòlái
철사를 구부리다

坤 kūn 땅 곤 / 땅

예 袖里乾坤 xiù lǐ qiánkūn
매우 비상한 재주를 가지고 있다

帛 bó 비단 백 / 비단

事 shì 일 사 / 일, 일삼다

예 我没事儿! Wǒ méi shìr! 나는 괜찮아!

奈 nài 어찌 내 / 어찌

예 无可奈何 wú kě nài hé 어쩔 도리가 없다

宜 yí 마땅할 의 / 마땅하다

| 宜 | 宜 | | | |

例 事不宜迟 shì bù yí chí
일을 늦춰서는 안 된다

侄 zhí 어리석을 질 / 조카

| 侄 | 侄 | | | |

例 侄女婿 zhínǚxù 조카사위

卒 zú 군사 졸 / 병사, 죽다

| 卒 | 卒 | | | |

例 生卒年月 shēngzú niányue 생졸 연월

往 wǎng 갈 왕 / 가다

| 往 | 往 | | | |

例 少跟他来往! Xiǎo gēn tā láiwǎng!
그 사람과 왕래하지 마라!

函 hán 상자 함 / 상자, 편지, 술잔

| 函 | 函 | | | |

例 致函 zhì hán 편지를 보내다

叔 shū 아재비 숙 / 숙부, 아저씨

| 叔 | 叔 | | | |

例 叔叔, 你好吗? Shūshu, nǐ hǎo ma?
아저씨, 잘 지내셨어요?

呼 hū 부를 호 / 부르다, 숨을 내쉬다

| 呼 | 呼 | | | |

例 呼吸越来越急促 hūxī yuè lái yuè jícù
호흡이 점점 빨라지다

孤 gū 외로울 고 / 홀로, 외롭다

| 孤 | 孤 | | | |

例 陷入孤立的境地 xiànrù gūlì de jìngdì
고립된 지경에 빠지다

姑 gū 시어미 고 / 시어머니, 고모

| 姑 | 姑 | | | |

例 我姑母命不好。 Wǒ gūmǔ mìng bù hǎo.
우리 고모는 팔자가 세다.

所 suǒ 바 소 / 바, 위치, 자리

| 所 | 所 | | | |

例 尽一切所有的能力
jǐn yíqiè suǒyǒu de nénglì
모든 능력을 다 기울이다

狗 gǒu 개 구 / 개, 강아지

예 被疯狗咬了一口。 Bèi fēnggǒu yǎo le yì kǒu.
미친개한테 물렸다.

狐 hú 여우 호 / 여우

예 露出狐狸尾儿来　lòuchu húli yǐr lái
정체를 드러내다

卧 wò 엎드릴 와 / 엎드리다, 눕다

예 把孩子卧在床上
bǎ háizi wò zài chuáng shang
아이를 침상에 뉘이다

怕 pà 두려워할 파 / 두려워하다

예 怕什么!　Pà shénme!　뭐가 무섭니!

孟 mèng 맏 맹 / 맏, 처음

예 批判孔孟之道　pīpàn KǒngMèng zhī dào
공맹지도를 비판하다

武 wǔ 굳셀 무 / 굳세다, 용맹하다

예 舞弄武器　wǔnòng wǔqì　무기를 휘두르다

易 yì 바꿀 역 / 바꾸다

예 不容易改　bù róngyì gǎi　고치기 쉽지 않다

松 sōng 소나무 송 / 소나무

예 像车轮上的松鼠似的
xiàng chēlún shàng de sōngshǔ shìde
다람쥐 쳇바퀴 돌듯

房 fáng 방 방 / 방, 집

예 房东找你!　Fángdōng zhǎo nǐ!
집주인이 널 찾더라!

空 kòng, kōng 빌 공 / 비다, 공중

예 你有空吗?　Nǐ yǒu kòng ma?
너 시간 있니?
海边的空气　hǎibiān de kōngqì　해변의 공기

府 fǔ 곳집 부 / 곳집, 관청, 마을

예 政府的痛脚 zhèngfǔ de tòngjiǎo
정부의 골칫거리

和 hé, huo 화할 화 / 화하다, 그리고

예 桃树和柳树 táoshù hé liǔshù
복숭아나무와 버드나무
天气暖和 tiānqì nuǎnhuo 날씨가 따뜻하다

刻 kè 새길 각 / 새기다, 시각

예 一时半刻 yì shí bàn kè 잠시 동안

苦(苦) kǔ 쓸 고 / 쓰다

예 不怕吃苦 bú pà chī kǔ
고생을 두려워하지 않다

英(英) yīng 꽃부리 영 / 꽃부리

예 英雄的成长过程
yīngxióng de chéngzhǎng guòchéng
영웅의 성장 과정

拉 lā 꺾을 랍 / 꺾다, 데려가다, 당기다

예 拉警报 lā jǐngbào 경보를 울리다

季 jì 끝 계 / 끝, 막내, 계절

예 脚下是农忙季节。Jiǎoxià shì nóngmáng jìjié.
지금은 농번기이다.

炒 chǎo 볶을 초 / 볶다, 떠들다

예 炒饭 chǎofàn 볶음밥
这里很吵 Zhèli hěn chǎo.
여기는 매우 소란하다.

油 yóu 기름 유 / 기름

예 车上没油了。Chē shang méi yóu le.
차에 기름이 떨어졌다.

拙 zhuō 졸할 졸 / 서툴다

예 送上拙著一册, 敬希教正!
Sòng shang zhuōzhù yí cè, jìng xī jiàozhèng!
졸저 한 권을 증정하오니, 지도 편달 바랍니다!

环(環) huán 고리 환 / 고리, 돌다

| 环 | 环 | | | |

예) 门环子　ménhuánzi　문고리

肺 fèi 허파 폐 / 허파

| 肺 | 肺 | | | |

예) 透视肺部　tòushì fèibù　폐부를 투시하다

服 fú 입을 복 / 입다

| 服 | 服 | | | |

예) 穿衣服　chuān yīfu　옷을 입다

杯 bēi 잔 배 / 잔, 그릇

| 杯 | 杯 | | | |

예) 喝一杯酒　hē yì bēi jiǔ　술 한 잔 마시다

官 guān 벼슬 관 / 벼슬, 관청

| 官 | 官 | | | |

예) 去官司下状　qù guānsī xià zhuàng
관청에 가서 소송을 제기하다

始 shǐ 처음 시 / 처음, 시작

| 始 | 始 | | | |

예) 乒乓球始创于19世纪末。
Pīngpāngqiú shǐ chuàng yú 19 shìjì mò.
탁구는 19세기 말에 시작되었다.

育 yù 기를 육 / 기르다

| 育 | 育 | | | |

예) 发展体育运动　fāzhǎn tǐyù yùndòng
체육 운동을 발전시키다

居 jū 있을 거 / 있다, 살다, 거주하다

| 居 | 居 | | | |

예) 他和爷爷同居。Tā hé yéye tóngjū.
그는 할아버지와 같이 산다.

乳 rǔ 젖 유 / 젖

| 乳 | 乳 | | | |

예) 给小孩儿哺乳　gěi xiǎoháir bǔrǔ.
아이에게 젖을 먹이다

衫 shān 적삼 삼 / 셔츠

| 衫 | 衫 | | | |

예) 衬衫领子上有油腻。
Chènshān lǐngzi shang yǒu yóunì.
셔츠 깃에 기름때가 끼었다.

责(責) zé 꾸짖을 책 / 꾸짖다

例 负责人在哪儿? Fùzérén zài nǎr?
책임자는 어디 계시죠?

岸 àn 언덕 안 / 언덕

例 惊涛拍岸 jīng tāo pāi àn
성난 파도가 해안을 때리다

雨 yǔ 비 우 / 비

例 听风是雨 tīng fēng shì yǔ
바람소리 듣고 비 온다고 여기다(성급한 판단)

坡 pō 고개 파 / 고개, 언덕

例 对面的山坡 duìmiàn de shānpō
맞은 편 언덕

现(現) xiàn 나타날 현 / 나타나다

例 现打的面包 xiàn dǎ de miànbāo
막 구워낸 빵

岭 líng 래 령 / 고개, 언덕

表 biǎo 겉 표 / 겉, 바깥
表(錶) biǎo 손목시계

例 这代表什么? Zhè dàibiǎo shénme?
이것은 무엇을 나타내지?
你的表几点了? Nǐ de biǎo jǐ diǎn le?
네 시계는 몇 시니?

匦(匭) guǐ 상자 궤 / 상자

规(規) guī 법 규 / 법

例 按规矩行事 àn guīju xíngshì
규칙대로 행하다

垆(壚) lù 흑토 로 / 흑토

顶(頂) dǐng 정수리 정 / 정수리, 꼭대기, 대들다

例 在父母面前顶嘴
zài fùmǔ miànqián dǐngzuǐ
부모 앞에서 말대꾸하다

拢(攏) lǒng 누를 롱 / 누르다

例 拉拢一些人 lālǒng yìxiē rén
몇몇 사람들을 끌어들이다

拣(揀) jiǎn 가릴 간 / 간택하다, 고르다

例 拣选新娘 jiǎnxuǎn xīnniáng 신부를 고르다

担(擔) dān, dàn 멜 담 / 메다, 맡다

例 把任务担起来 bǎ rènwu dān qǐlái
임무를 맡다
担重担子 dān zhòng dànzi 큰 짐을 지다

拥(擁) yōng 안을 옹 / 안다

例 交通拥挤状况 jiāotōng yōngjǐ zhuàngkuàng
교통 혼잡 상황

范(範) fàn 법 범 / 법

例 你来示范一下! Nǐ lái shìfàn yíxià!
네가 좀 시범을 보여라!

茎(莖) jīng 줄기 경 / 줄기

例 抓刀茎 zhuā dāojīng 칼자루를 쥐다

枢(樞) shū 지도리 추 / 지도리

例 神经中枢 shénjīng zhōngshū 신경중추

柜(櫃) guì 함 궤 / 함, 장농

例 把钱包收在米柜里
bǎ qiánbāo shōu zài mǐguì li
지갑을 쌀통 속에 두다

板 bǎn 널빤지 판 / 널빤지
板(闆) bǎn 주인 반 / 주인

例 有板有眼 yǒu bǎn yǒu yǎn
빈틈없이 꼼꼼하다
我们老板 wǒmen lǎobǎn 우리 사장님

枪(槍) qiāng 창 창 / 창, 총

예 瞄准敌人开枪 miáozhǔn dírén kāiqiāng
적을 조준하여 총을 쏘다

势(勢) shì 기세 세 / 기세

예 作手势 zuò shǒushi 손짓하다

枫(楓) fēng 단풍나무 풍 / 단풍

예 枫树叶变红了。Fēngshùyè biàn hóng le.
단풍잎이 붉어졌다.

拦(攔) lán 막을 란 / 막다

예 拦住去路 lán zhù qùlù 가는 길을 막다

构(構) gòu 얽을 구 / 얽다

예 缩减行政机构 suōjiǎn xíngzhèng jīgòu
행정기구를 축소하다

拧(擰) níng 비틀 녕 / 비틀다, 꼬집다

예 别拧嘛! Bié níng ma! 꼬집지 마라!

杰(傑) jié 인걸 걸 / 인걸, 뛰어나다

예 英雄豪杰 yīngxióng háojié 영웅호걸

拨(撥) bō 다스릴 발 / 돌리다

예 拨电话 bō diànhuà 전화를 걸다

丧(喪) sāng, sàng 죽을 상 / 죽다

예 把丧帖送出去 bǎ sāngtiě sòng chūqù
부고장을 보내다
已经丧命了! Yǐjīng sàngmìng le!
이미 죽었다!

择(擇) zé 가릴 택 / 가리다, 고르다

예 你自己选择! Nǐ zìjǐ xuǎnzé! 네가 선택해라!

苹(蘋) píng 사과 평 / 사과

| 苹 | 苹 | | | | |

예 把苹果切成两半儿
bǎ píngguǒ qiē chéng liǎng bànr
사과를 반으로 쪼개다

矿(礦) kuàng 쇳돌 광 / 쇳돌

| 矿 | 矿 | | | | |

예 中国盛产铁矿。 Zhōngguó shèngchǎn tiěkuàng.
중국은 철광을 많이 생산한다.

画(畫) huà 그림 화 / 그림, 그리다

| 画 | 画 | | | | |

예 漫画脚本 mànhuà jiǎoběn 만화 대본

码(碼) mǎ 마노 마 / 마노

| 码 | 码 | | | | |

예 数码 shùmǎ 디지털, 숫자

枣(棗) zǎo 대추나무 조 / 대추

| 枣 | 枣 | | | | |

예 囫囵吞枣 hú lún tūn zǎo
대추를 통째로 삼키다(무비판적으로 수용하다)

厕(廁) cè 뒷간 측 / 뒷간

| 厕 | 厕 | | | | |

예 收费厕所 shōufèi cèsuǒ 유료 화장실

卖(賣) mài 팔 매 / 팔다

| 卖 | 卖 | | | | |

예 甩卖 shuǎimài 할인 대매출

奋(奮) fèn 떨칠 분 / 떨치다

| 奋 | 奋 | | | | |

예 露出兴奋的表情 lòuchu xīngfèn de biǎoqíng
흥분된 표정을 드러내다

郁 yù 빛날 욱 / 빛나다
郁(鬱) yù 막을 울 / 막다, 우울하다

| 郁 | 郁 | | | | |

예 忧郁的神色 yōuyù de shénsè 우울한 기색

态(態) tài 모양 태 / 모양

| 态 | 态 | | | | |

예 进入休克状态 jìnrù xiūkè zhuàngtài
쇼크 상태에 빠지다

欧(歐) ōu 토할 구 / 토하다, 노래하다

예 欧州 Ōuzhōu 유럽

斩(斬) zhǎn 벨 참 / 베다

예 斩钉截铁 zhǎn dīng jié tiě 매우 단호한 결단

殴(毆) ōu 때릴 구 / 때리다

예 被匪徒殴打 bèi fěitú ōudǎ 깡패들에게 구타당하다

轮(輪) lún 바퀴 륜 / 바퀴

예 轮到你了! Lún dào nǐ le! 네 차례다!

轰(轟) hōng 울릴 굉 / 울리다

예 轰!轰!轰! hōng! hōng! hōng! 쾅! 쾅! 쾅!

软(軟) ruǎn 연할 연 / 연하다

예 身体软弱 shēntǐ ruǎnruò 몸이 허약하다

顷(頃) qǐng 밭이랑 경 / 요즘, 기울다

예 顷刻瓦解 qǐngkè wǎjiě 순식간에 와해되다

齿(齒) chǐ 이 치 / 이, 치아

예 牙齿活络 yáchǐ huólào 이가 흔들리다

转(轉) zhuǎn, zhuàn 구를 전 / 돌다

예 向后转! Xiàng hòu zhuǎn! 뒤로 돌아!
   转头 zhuàntóu 유턴(운전)

虏(虜) lǔ 포로 로 / 포로

예 审讯俘虏 shěnxùn fúlǔ 포로를 심문하다

8획 | 97

肾(腎) shèn 신장 신 / 신장

| 肾 | 肾 | | | |

예) 肾病患者 shènbìng huànzhě 신장병 환자

贤(賢) xián 어질 현 / 어질다

| 贤 | 贤 | | | |

예) 贤明的君主 xiánmíng de jūnzhǔ
현명한 군주

国(國) guó 나라 국 / 나라

| 国 | 国 | | | |

예) 国民是国家的主人。
Guómín shì guójiā de zhǔrén.
국민은 나라의 주인이다.

畅(暢) chàng 펄 창 / 펴다, 화락하다

| 畅 | 畅 | | | |

예) 销路不畅 xiāolù hěn chàng
판로가 매우 좋다

鸣(鳴) míng 울 명 / 울다

| 鸣 | 鸣 | | | |

예) 汽笛长鸣 qìdí cháng míng
기적이 길게 울리다

钓(釣) diào 낚시 조 / 낚시

| 钓 | 钓 | | | |

예) 钓鱼的诱饵 diàoyú de yòu'ěr 낚싯밥, 미끼

钗(釵) chāi 비녀 차(채) / 비녀

| 钗 | 钗 | | | |

예) 头上簪金钗 tóu shang zān jīnchāi.
머리에 금비녀를 꽂다

制 zhì 마를 제 / 자르다, 만들다
制(製) zhì 지을 제 / 짓다, 만들다

| 制 | 制 | | | |

예) 反对刑讯制度 fǎnduì xíngxùn zhìdù
고문 제도를 반대하다
这是我们自制的。Zhè shì wǒmen zìzhì de.
이건 우리가 직접 만든 것이다.

刮 guā 깎을 괄 / 깎다
刮(颳) guā 바람불 괄 / 바람이 불다

| 刮 | 刮 | | | |

예) 刮脸 guā liǎn 면도하다
突然刮起狂风来了。Tūrán guā qǐ kuángfēng
lái le. 갑자기 광풍이 일었다.

岳(嶽) yuè 큰산 악 / 산악

| 岳 | 岳 | | | |

예) 山岳地区 shānyuè dìqū 산악 지대

侠(俠) xiá 호협 협 / 호협 협

例 武侠片　wǔxiápiàn　무협 영화

侨(僑) qiáo 높을 교 / 높다, 임시 거처

例 土生华侨　tǔshēng huáqiáo　현지 태생 화교

侥(僥) jiǎo 바랄 요 / 바라다

货(貨) huò 재화 화 / 재화

例 送货上门　sòng huò shàng mén
물건을 집까지 배송하다

侦(偵) zhēn 정탐할 정 / 정탐하다

例 侦察敌人的动向
zhēnchá dírén de dòngxiàng
적의 동정을 정탐하다

质(質) zhì 바탕 질 / 바탕

例 保质保量　bǎo zhì bǎo liàng　품질을 보증하다

侧(側) cè 곁 측 / 곁

例 侧耳细听　cè ěr xì tīng
귀 기울여 자세히 듣다

明 míng 밝을 명 / 밝다

例 到时候自然明白。Dào shíhou zìrán míngbai.
때가 되면 자연히 알게 된다.

凭(憑) píng 기댈 빙 / 기대다

例 凭栏远望　píng lán yuǎn wàng
난간에 기대어 멀리 바라보다

沿 yán 따를 연 / 따르다

例 沿街叫卖　yán jiē jiào mài
길가를 다니며 물건을 사라고 소리치다

8획 | 99

征 zhēng 칠 정 / 치다
征(徵) zhēng 부를 징 / 부르다

征 征

예 用武力征服 yòng wǔlì zhēngfú
무력으로 정복하다
应征入伍 yìng zhēng rùwǔ
징집에 응하여 입대하다

径(徑) jìng 지름길 경 / 지름길

径 径

예 螺钉与螺母的口径不合。
Luódīng yǔ luómǔ de kǒujìng bù hé.
볼트와 너트의 구경이 맞지 않다.

舍 shè 집 사 / 집
舍(捨) shě 버릴 사 / 버리다

舍 舍

예 住宿舍 Zhù sùshè 기숙사에 살다
我舍不得你走! Wǒ shě bu dé nǐ zǒu!
가신다니 서운하군요!

怂(慫) sǒng 권할 종 / 권하다

怂 怂

예 怂恿酒后开车 sǒngyǒng jiǔhòu kāichē
음주운전을 하도록 부추기다

觅(覓) mì 찾을 멱 / 찾다

觅 觅

贪(貪) tān 탐할 탐 / 탐하다

贪 贪

예 贪小便宜 tān xiǎo piányi
눈앞의 작은 것을 욕심내다

贫(貧) pín 가난할 빈 / 가난하다

贫 贫

예 贫居闹市无人问。
Pín jū nàoshì wú rén wèn.
가난하면 번화가에 살아도 찾아오는 사람이 없다.

肤(膚) fū 살갗 부 / 살갗

肤 肤

예 走皮肤 zǒu pífū 두드러기가 나다

肿(腫) zhǒng 부스럼 종 / 종기

肿 肿

예 肿瘤普查 zhǒngliú pǔchá 종양 검사

胀(脹) zhàng 배부를 창 / 배부르다

胀 胀

예 通货膨胀 tōnghuò péngzhàng 통화 팽창

胁(脇, 脅) xié 옆구리 협 / 옆구리

胁 | 胁 | | | |

예) 左胁疼痛 zuǒxié téngtòng
왼쪽 옆구리가 아프다

周 zhōu 두루 주 / 두루
周(週) zhōu 돌 주 / 돌다

周 | 周 | | | |

예) 四周围着栅栏儿。Sìzhōu wéi zhe zhàlanr.
사방에 울타리가 쳐져 있다.

爬 pá 긁을 파 / 긁다, 기다

爬 | 爬 | | | |

예) 我喜欢爬山。Wǒ xǐhuan páshān.
나는 등산을 좋아한다.

鱼(魚) yú 고기 어 / 물고기

鱼 | 鱼 | | | |

예) 出海打鱼 chū hǎi dǎ yú
바다에 나가 고기를 잡다

备(備) bèi 갖출 비 / 갖추다

备 | 备 | | | |

예) 你准备好了吗? Nǐ zhǔnbèi hǎo le ma?
너 준비 다 되었니?

饰(飾) shì 꾸밀 식 / 꾸미다

饰 | 饰 | | | |

예) 粉饰太平 fěnshì tàipíng 태평한 척 위장하다

饱(飽) bǎo 물릴 포 / 배부르다

饱 | 饱 | | | |

예) 吃饱了! Chī bǎo le! 잘 먹었다!

饲(飼) sì 먹일 사 / 먹이다

饲 | 饲 | | | |

变(變) biàn 변할 변 / 변하다

变 | 变 | | | |

예) 变态色魔 biàntài sèmó 변태적 색마

庞(龐) páng 클 방 / 크다

庞 | 庞 | | | |

예) 庞大的组织 pángdà de zǔzhī 방대한 조직

庙(廟) miào 사당 묘 / 사당, 절

例 进了庙, 属和尚! jìn le miào, shǔ héshang!
절에 가면 중이 되는 법이다!

废(廢) fèi 폐할 폐 / 폐하다

例 你真是个废货! Nǐ zhēnshi ge fèihuò!
이런 병신 같으니!

疡(瘍) yáng 종기 양 / 종기

例 肿疡 zhǒngyáng 종양

剂(劑) jì 약지을 제 / 약을 짓다

例 杀虫剂 shāchóngjì 살충제

闸(閘) zhá 물문 갑 / 수문

闹(鬧) nào 시끄러울 뇨 / 떠들썩하다

例 不要胡闹 Bú yào húnào!
공연히 소란 피우지 마라!

卷 juǎn 쇠뇌 권 / 활, 권(책)
卷(捲) juǎn 말 권 / 말다

例 卷起袖子 juǎn qǐ xiùzi 소매를 말아 올리다

炉(爐) lú 화로 로 / 화로

例 挨着火炉子暖和 āi zhe huǒlúzi nuǎnhuo
난로 곁에 다가가서 불을 쬐다

泸(瀘) lú 강이름 로 / 강이름

浅(淺) qiǎn 얕을 천 / 얕다

例 他的知识很浅薄。 Tā de zhīshi hěn qiǎnbó.
그는 지식이 얕다.

泪(淚) lèi 눈물 루 / 눈물

| 泪 | 泪 | | | |

예 掉下眼泪 diào xia yǎnlèi 눈물을 흘리다

注 zhù 물댈 주 / 물을 대다
注(註) zhù 주해 주 / 주해, 주석

| 注 | 注 | | | |

예 注意安全 zhùyì ānquán 안전에 주의하다

泻(瀉) xiè 쏟을 사 / 쏟다

| 泻 | 泻 | | | |

예 上吐下泻 shàng tù xià xiè 위로 토하고 아래로 설사하다

泼(潑) pō 뿌릴 발 / 뿌리다

| 泼 | 泼 | | | |

예 泼一点水 pō yìdiǎn shuǐ 물을 좀 뿌리다

泽(澤) zé 못 택 / 못

| 泽 | 泽 | | | |

예 毛泽东 Máo Zédōng 모택동

泾(涇) jīng 통할 경 / 통하다

| 泾 | 泾 | | | |

怜(憐) lián 불쌍히여길 연 / 연민하다

| 怜 | 怜 | | | |

예 可怜的孩子 kělián de háizi 불쌍한 아이

学(學) xué 배울 학 / 배우다

| 学 | 学 | | | |

예 他在学习两种外国语。
Tā zài xuéxí liǎng zhǒng wàiguóyǔ.
그는 2개 외국어를 공부하고 있다.

宝(寶) bǎo 보배 보 / 보배

| 宝 | 宝 | | | |

예 珠宝店 zhūbǎodiàn 금은방

宠(寵) chǒng 괼 총 / 아끼다

| 宠 | 宠 | | | |

예 献媚取宠 xiàn mèi qǔ chǒng
아첨하여 총애를 얻다

审(審) shěn 살필 심 / 살피다

| 审 | 审 | | | |

예 审判程序 shěnpàn chéngxù 심판 절차

帘(簾) lián 발 렴 / 발, 커튼

| 帘 | 帘 | | | |

예 掀开窗帘 xiānkāi chuānglián
커튼을 열어젖히다

实(實) shí 열매 실 / 열매

| 实 | 实 | | | |

예 抢夺胜利果实 qiǎngduó shènglì guǒshí
승리의 열매를 탈취하다

衬(襯) chèn 속옷 친 / 속옷

| 衬 | 衬 | | | |

예 汗水浸透了衬衫。
Hànshuǐ jìntòu le chènshān.
땀이 셔츠에 스며들었다.

视(視) shì 볼 시 / 보다

| 视 | 视 | | | |

예 独特的视角 dútè de shìjiǎo 독특한 시각

试(試) shì 시험할 시 / 시험하다

| 试 | 试 | | | |

예 考试变难了。 Kǎoshì biàn nán le.
시험이 어려워졌다.

诗(詩) shī 시 시 / 시

| 诗 | 诗 | | | |

예 一首诗 yì shǒu shī 시 한 수

诘(詰) jié 물을 힐 / 묻다

| 诘 | 诘 | | | |

예 驳诘 bójié 힐난하다

诚(誠) chéng 정성 성 / 정성

| 诚 | 诚 | | | |

예 做人要诚恳。 Zuòrén yào chéngkěn.
사람됨이 성실해야 한다.

诛(誅) zhū 벨 주 / 베다

| 诛 | 诛 | | | |

예 诛杀贼首 zhūshā zéishǒu 적장을 주살하다

话(話) huà 말할 화 / 말하다

| 话 | 话 | | | | |

예 没有什么好说的。
Méiyǒu shénme hǎo shuō de.
뭐라고 할 말이 없네요.

诞(誕) dàn 태어날 탄 / 태어나다

| 诞 | 诞 | | | | |

예 诞生100周年　dànshēng yì bǎi zhōunián
탄생 100주년

诠(詮) quán 설명할 전 / 설명하다

| 诠 | 诠 | | | | |

诡(詭) guǐ 속일 궤 / 속이다

| 诡 | 诡 | | | | |

예 诡计多端　guǐjì duōduān　속임수가 많다

询(詢) xún 물을 순 / 묻다

| 询 | 询 | | | | |

예 专家的咨询　zhuānjiā de zīxún
전문가의 자문

诤(諍) zhèng 간할 쟁 / 간하다

| 诤 | 诤 | | | | |

该(該) gāi 그 해 / 그, 이, …해야 마땅하다

| 该 | 该 | | | | |

예 该学生　gāi xuésheng　이 학생
我该走了!　Wǒ gāi zǒu le!
저는 가봐야 하겠네요!

详(詳) xiáng 자세할 상 / 자세하다

| 详 | 详 | | | | |

예 加入公司的详细信息
jiārù gōngsī de xiángxì xìnxī
입사에 관한 상세한 정보

肃(肅) sù 엄숙할 숙 / 엄숙하다

| 肃 | 肃 | | | | |

예 严肃的气氛　yánsù de qìfēn　엄숙한 분위기

隶(隸) lì 붙을 례 / 붙다, 부리다

| 隶 | 隶 | | | | |

예 隶书　lìshū　예서

弥(彌) mí 두루 미 / 두루, 널리

驻(駐) zhù 머물 주 / 머물다

  예) 驻韩国中国大使　zhù Hánguó Zhōngguó dàshǐ　주한 중국대사

陕(陝) shǎn 고을이름 섬 / 고을이름

  예) 到达陕北　dàodá Shǎnběi
  섬서성 북부에 도착하다

驼(駝) tuó 낙타 타 / 낙타

  예) 瘦死的骆驼比马大。
  Shòusǐ de luòtuo bǐ mǎ dà.
  말라죽은 낙타라도 말보다 크다.

驾(駕) jià 멍에 가 / 멍에, 타다

  예) 核发驾驶执照　héfā jiàshǐ zhízhào
  운전면허증을 심사 발급하다

驿(驛) yì 역참 역 / 역참

参(參) cān 간여할 참 / 간여하다, 셋

  예) 你能参加吗?　Nǐ néng cānjiā ma?
  너 참가할 수 있니?

线(線) xiàn 실 선 / 실

  예) 破案的线索　pò àn de xiànsuǒ
  사건 해결의 실마리

艰(艱) jiān 어려울 간 / 어렵다

  예) 历尽艰辛, 方有今日。
  Lìjìn jiānxīn, fāng yǒu jīnrì.
  온갖 어려움을 다 겪은 후에 비로소 오늘이 있게 되었다.

练(練) liàn 익힐 연 / 익히다

  예) 造句练习　zàojù liànxí　문장 짓기 연습

组(組) zǔ 끈 조 / 끈, 조

예 这个由我们小组包干。
Zhège yóu wǒmen xiǎozǔ bāo gàn.
이건 우리 조에서 책임지고 한다.

绅(紳) shēn 큰띠 신 / 큰 띠

예 绅士淑女 shēnshì shūnǚ 신사 숙녀

细(細) xì 가늘 세 / 가늘다

예 他对我很细心。Tā duì wǒ hěn xìxīn.
그는 내게 매우 자상하다.

终(終) zhōng 끝날 종 / 끝나다

예 75路公车终点站
qīshí wǔ lù gōngchē zhōngdiǎnzhàn
75번 버스 종점

织(織) zhī 짤 직 / 짜다

예 牵牛织女 qiānniú zhīnǚ 견우직녀

绊(絆) bàn 줄 반 / 줄

예 他是我的绊脚石。Tā shì wǒ de bànjiǎoshí.
그는 나의 걸림돌이다.

绍(紹) shào 이을 소 / 잇다, 소개하다

예 希望给与广泛介绍!
Xīwàng gěiyǔ guǎngfàn jièshào!
널리 소개해 주시기 바랍니다!

绎(繹) yì 풀어낼 역 / 풀어내다

经(經) jīng 날 경 / 나다, 실

예 和尚念经 héshang niàn jīng 중이 경을 읽다

贯(貫) guàn 꿸 관 / 꿰다

예 贯珠 guàn zhū 구슬을 꿰다

한자를 알면
중국어가 보인다

한자를 알면 중국어가 보인다

9획

活 huó 살 활 / 살다

예 有关死活的问题 yǒuguān sǐhuó de wèntí
생사가 달린 문제

界 jiè 지경 계 / 지경, 경계

예 开开眼界 kāi kai yǎnjiè 안목을 넓히다

要 yào, yāo 구할 요 / 요구하다

예 我要买这个！ Wǒ yào mǎi zhège!
나는 이것을 살 거야!
他不听我们的要求。 Tā bù tīng wǒmen de yāoqiú. 그는 우리의 요구를 듣지 않는다.

香 xiāng 향기 향 / 향기, 향기롭다

예 好香啊！ Hǎo xiāng a! 냄새 좋다!

故 gù 옛 고 / 옛, 죽은, 원래

예 这是什么缘故？ Zhè shì shéme yuángù?
이것은 무슨 연고인가?

祖(祖) zǔ 조상 조 / 조상

예 祭祖宗 jì zǔzōng 조상에게 제사하다

恒 héng 항상 항 / 항상, 언제나

예 永恒不变 yǒnghéng bú biàn
영원히 변치 않다

美 měi 아름다울 미 / 아름답다

예 美丽可爱 měilì kě'ài 예쁘고 사랑스럽다

持 chí 가질 지 / 갖다, 유지하다

| 持 | 持 | | | |

예 我支持你! Wǒ zhīchí nǐ!
나는 너를 지지한다!

骨(骨) gǔ 뼈 골 / 뼈

| 骨 | 骨 | | | |

예 他瘦巴得就剩皮包骨了。
Tā shòuba de jiù shèng pí bāo gǔ le.
그는 말라서 가죽과 뼈만 남았다.

胃 wèi 밥통 위 / 위

| 胃 | 胃 | | | |

예 没有胃口 méiyǒu wèikǒu 식욕이 없다

眉 méi 눈썹 미 / 눈썹

| 眉 | 眉 | | | |

예 黑乌乌的眉毛 hēiwūwū de méimao
새까만 눈썹

背 bèi, bēi 등 배 / 등, 외우다, 짊어지다

| 背 | 背 | | | |

예 都背好了! Dōu bèi hǎo le! 전부 암기했다!
背黑锅 bēi hēiguō 누명을 쓰다

便 biàn, pián 문득 편 / 문득, 편하다

| 便 | 便 | | | |

예 很方便 hěn fāngbiàn 매우 편리하다
好便宜 hǎo piányi 값이 매우 싸다

信 xìn 믿을 신 / 믿다

| 信 | 信 | | | |

예 我信得过你! Wǒ xìn de guò nǐ!
나는 너를 믿는다!

促 cù 재촉할 촉 / 재촉하다

| 促 | 促 | | | |

예 促生产 cù shēngchǎn 생산을 재촉하다

洗 xǐ 씻을 세 / 씻다

| 洗 | 洗 | | | |

예 洗脸刷牙 xǐ liǎn shuā yá
세수하고 이를 닦다

室 shì 집 실 / 집, 건물

| 室 | 室 | | | |

예 在教室里请穿拖鞋!
zài jiàoshì li qǐng chuān tuōxié!
교실에서는 실내화를 신으세요!

韭 jiǔ 부추 구 / 부추

例 韭菜煎饼 jiǔcài jiānbing 부추전

怨 yuàn 원망할 원 / 원망하다

例 互相埋怨 hùxiāng máiyuàn 서로 원망하다

皇 huáng 임금 황 / 임금, 황제

例 向皇帝进献谗言
xiàng huángdì jìnxiàn chányán
황제에게 참소를 올리다

降 jiàng 내릴 강 / 내리다, 떨어지다
　　 xiáng 항복하다, 투항하다

例 测降雨量 cè jiàngyǔliàng 강우량을 측정하다
宁死不降 níng sǐ bù xiáng
죽어도 항복하지 않다

厚 hòu 두터울 후 / 두텁다

例 这褥子真厚实。Zhè rùzi zhēn hòushi.
이 요는 진짜 두껍다.

炭 tàn 숯 탄 / 숯, 목탄, 재

例 烧炭 shāo tàn 숯을 만들다

陋 lòu 좁을 누 / 좁다, 누추하다

例 简陋的地方 jiǎnlòu de dìfang 누추한 곳

奏 zòu 아뢸 주 / 아뢰다, 연주하다

例 演奏琵琶 yǎnzòu pípá 비파를 연주하다

染 rǎn 물들일 염 / 물들이다

例 放射性污染 fàngshèxing wūrǎn 방사능 오염

盈 yíng 찰 영 / 차다, 이익이 나다

例 营业盈余 yíngyè yíngyú 영업 이익금

皆 jiē 다 개 / 다, 모두

예) 人人皆知 rén rén jiē zhī 모두가 알다

茶(茶) chá 차 차 / 마시는 차

예) 请喝茶! Qǐng hē chá! 차 드세요!

省 shěng, xǐng 살필 성 / 살피다, 아끼다

예) 你应该省钱才对! Nǐ yīnggāi shěng qián cái duì! 돈을 절약해야 옳지!
你自己反省一下! Nǐ zìjǐ fǎnxǐng yíxià! 너 스스로 반성해!

指 zhǐ 손가락 지 / 손가락, 가리키다

예) 指着他说 zhǐ zhe tā shuō 그를 가리키며 말하다

城 chéng 성 성 / 성, 나라, 도읍

예) 把守城门 bǎshǒu chéngmén 성문을 지키다

星 xīng 별 성 / 별

예) 月明星稀 yuè míng xīng xī 달은 밝고 별은 성기다

架 jià 시렁 가 / 시렁, 선반

예) 架子上的碟子 jiàzi shang de diézi 선반 위의 접시

屋 wū 집 옥 / 집, 주거, 지붕

예) 屋里有冰箱。 Wū li yǒu bīngxiāng. 방안에 냉장고가 있다.

俗 sú 풍속 속 / 풍속

예) 入境随俗 rù jìng suí sú 로마에 가면 로마의 법을 따르다

逆(逆) nì 거스를 역 / 거스르다

예) 忠言逆耳, 利于行。
Zhōngyán nì ěr, lì yú xíng.
충언은 귀에 거슬려도 행동에는 이롭다.

盆(盆) pén 동이 분 / 동이, 그릇

| 盆 | 盆 | | | | |

예) 脸盆掉在地上了。
　　Liǎnpén diào zài dì shang le.
　　세숫대야가 바닥에 떨어졌다.

炸 zhá, zhà 터질 작 / 터지다, 튀기다

| 炸 | 炸 | | | | |

예) 听到爆炸声 tīng dào bàozhàshēng
　　폭발하는 소리를 듣다
　　麻花儿炸得焦。Máhuār zhá de jiāo.
　　꽈배기가 바삭바삭하게 튀겨졌다.

贰(貳) èr 두 이 / 둘

| 贰 | 贰 | | | | |

帮(幫) bāng 도울 방 / 돕다

| 帮 | 帮 | | | | |

예) 邻居们帮助他了。Línjūmen bāngzhù tā le.
　　이웃들이 그를 도왔다.

急 jí 급할 급 / 급하다

| 急 | 急 | | | | |

예) 急忙把雨伞合上 jímáng bǎ yǔsǎn hé shang
　　급히 우산을 접다

胖 pàng 갈비살 반 / 살찌다

| 胖 | 胖 | | | | |

예) 你胖了! Nǐ pàng le! 너 살이 쪘구나!

厘 lí 리 리 / 면적 단위
厘(釐) lí 다스릴 리 / 다스리다

| 厘 | 厘 | | | | |

예) 立方厘米 lìfāng límǐ 입방미터

突 tū 갑자기 돌 / 갑자기

| 突 | 突 | | | | |

예) 突然取消会谈 tūrán qǔxiāo huìtán
　　갑자기 회담을 취소하다

度 dù 법도 도 / 법도

| 度 | 度 | | | | |

예) 温度增高十度 wēndù zēng gāo shí dù
　　온도가 10도 높아지다

神(神) shén 귀신 신 / 신, 하나님

| 神 | 神 | | | | |

예) 敬拜神 jìngbài shén 하나님을 경배하다

项(項) xiàng 목 항 / 목, 항목

예 十项原则 shí xiàng yuánzé 열 가지 원칙

贲(賁) bì, bēn 클 분 / 크다, 성(姓)

挂(掛) guà 걸 괘 / 걸다

예 墙上挂着一幅画。
Qiáng shang guà zhe yì fú huà.
벽에 그림 한 폭이 걸려 있다.

挟(挾) xié, jiā 낄 협 / 끼다

예 左右挟击 zuǒyòu xiéjī 좌우에서 협공하다

挠(撓) náo 어지러울 요 / 어지럽다

浇(澆) jiāo 물댈 요 / 물을 대다

예 给花儿浇水 gěi huār jiāo shuǐ
꽃에 물을 주다

挡(擋) dǎng 막을 당 / 막다

예 山岭挡住寒风 shānlǐng dǎng zhù hánfēng
산봉우리가 찬바람을 막다

垫(墊) diàn 빠질 점 / 빠지다, 받치다, 깔다, 치루다

예 在下面垫上一本书
zài xiàmiàn diàn shang yì běn shū
밑에 책을 한 권 받치다

挥(揮) huī 휘두를 휘 / 휘두르다

예 发挥力量 fāhuī lìliang 역량을 발휘하다

荐(薦) jiàn 천거할 천 / 추천하다

예 推荐他当班长 tuījiàn tā dāng bānzhǎng
그를 반장으로 추천하다

贳(貰) shì 세낼 세 / 세 내다

荫(蔭) yìn 그늘 음 / 그늘

荡(蕩) dàng 쓸어버릴 탕 / 쓸어버리다

예 拉网扫荡 lā wǎng sǎodàng
포위망을 좁혀 소탕하다

药(藥) yào 약 약 / 약

예 吃错药 chī cuò yào 약을 잘못 먹다

垩(堊) è 백토 악 / 백토, 석회

标(標) biāo 우듬지 표 / 우듬지

예 达到目标 dádào mùbiāo 목표에 도달하다

荣(榮) róng 꽃 영 / 꽃, 영광

예 觉得很光荣 juéde hěn guāngróng
매우 영광스럽게 느끼다

栈(棧) zhàn 잔도 잔 / 잔도, 여관

예 龙门客栈 Lóngmén kèzhàn
〈용문객잔 - 영화명〉

胡 hú 턱밑살 호 / 턱밑의 살
胡(鬍) hú 수염 호 / 수염

예 拔胡子 bá húzi 수염을 뽑다

栉(櫛) zhì 빗 즐 / 빗, 빗다

예 鳞次栉比 lín cì zhì bǐ 즐비하게 늘어서다

栋(棟) dòng 용마루 동 / 용마루

栋 | 栋 | | | |

例 一栋楼 yí dòng lóu 건물 한 동

栏(欄) lán 난간 란 / 난간

栏 | 栏 | | | |

例 桥栏杆 qiáolángān 다리 난간

树(樹) shù 나무 수 / 나무, 심다, 기르다, 재배하다

树 | 树 | | | |

例 十年树木, 百年树人。
Shí nián shù mù, bǎi nián shù rén.
십년이면 나무를 기르고, 백년이면 사람을 키운다.

咸 xián 두루 함 / 두루, 모두
咸(鹹) xián 짤 함 / 짜다

咸 | 咸 | | | |

例 咸受其益 xián shòu qí yì 모두 이익을 받다
 咸饼干 xiánbǐnggān 크래커

砖(磚) zhuān 벽돌 전 / 벽돌

砖 | 砖 | | | |

例 瓦砖 wǎzhuān 기와와 벽돌

砚(硯) yàn 벼루 연 / 벼루

砚 | 砚 | | | |

例 笔砚 bǐyàn 붓과 벼루

面 miàn 얼굴 면 / 얼굴
面(麵) miàn 밀가루 면 / 밀가루

面 | 面 | | | |

例 向下面传达 xiàng xiàmiàn chuándá
 하부에 전달하다
 吃面 chī miàn 국수를 먹다

牵(牽) qiān 끌 견 / 끌다

牵 | 牵 | | | |

例 牵线人 qiānxiànrén 배후 조종자

鸥(鷗) ōu 갈매기 구 / 갈매기

鸥 | 鸥 | | | |

例 海鸥扑着翅膀。 Hǎi'ōu pū zhe chìbǎng.
 갈매기가 날개를 퍼덕이고 있다.

残(殘) cán 해칠 잔 / 해치다, 불구

残 | 残 | | | |

例 他身残志不残。 Tā shēn cán zhì bù cán.
 그는 몸은 불구지만 마음은 아니다.

轲(軻) kē 굴대 가 / 굴대

战(戰) zhàn 싸울 전 / 싸우다

例 百战百胜 bǎi zhàn bǎi shèng 백전백승

轴(軸) zhóu 굴대 축 / 굴대, 축, 완고하다

例 车轴 chēzhóu 차축

点(點) diǎn 점 점 / 점

例 点名 diǎn míng 출석을 부르다

轻(輕) qīng 가벼울 경 / 가볍다

例 油比水轻 yóu bǐ shuǐ qīng
기름은 물보다 가볍다

临(臨) lín 임할 임 / 임하다

例 面临现实 miànlín xiànshí 현실에 직면하다

鸦(鴉) yā 까마귀 아 / 까마귀

例 鸦默雀静 yā mò què jìng
쥐죽은 듯 고요하다

览(覽) lǎn 볼 람 / 보다

例 游览胜地 yóulǎn shèngdì 관광 명소

虿(蠆) chài 전갈 채 / 전갈

竖(豎) shù 더벅머리 수 / 수직, 세로

例 竖着写 shù zhe xiě 세로로 쓰다

尝(嘗) cháng 맛볼 상 / 맛보다

| 尝 | 尝 | | | |

예 你也来尝尝! Nǐ yě lái chángchang!
너도 맛 좀 봐라!

虾(蝦, 虾) xiā 새우 하 / 새우

| 虾 | 虾 | | | |

예 虾壳 xiāké 새우 껍질

哄 hòng, hǒng 싸울 홍 / 싸우다, 달래다

| 哄 | 哄 | | | |

예 乱哄 luàn hòng 마구 떠들다
哄孩子 hǒng háizi 아이를 달래다

蚂(螞) mǎ 개미 마 / 개미

| 蚂 | 蚂 | | | |

예 蚂蚁与纺织娘 mǎyǐ yǔ fǎngzhīniáng
개미와 베짱이

哑(啞) yǎ 벙어리 아 / 벙어리

| 哑 | 哑 | | | |

예 声音沙哑 shēngyīn shāyǎ 목소리가 쉬다

蚁(蟻) yǐ 개미 의 / 개미

| 蚁 | 蚁 | | | |

显(顯) xiǎn 나타날 현 / 나타나다

| 显 | 显 | | | |

예 光头显老 guāngtóu xiǎn lǎo
대머리는 나이 들어 보인다

虽(雖) suī 비록 수 / 비록d

| 虽 | 虽 | | | |

예 这个作品虽然朴素, 倒也别致。
Zhège zuòpǐn suīrán pǔsù, dào yě biézhì.
이 작품은 비록 소박하나 뭔가 특별한 맛이 있다.

贵(貴) guì 귀할 귀 / 귀하다, 비싸다

| 贵 | 贵 | | | |

예 房钱太贵, 租不起!
Fángqián tài guì, zū bu qǐ!
집세가 너무 비싸 얻지 못하겠다!

骂(罵) mà 욕할 마 / 욕하다

| 骂 | 骂 | | | |

예 你骂我好了! Nǐ mà wǒ hǎo le!
나를 욕하려면 해라!

勋(勳) xūn 공훈 / 공

例 建立功勋 jiànlì gōngxūn 공훈을 세우다

哗(嘩) huā 시끄러울 화 / 시끄럽다

例 哗啦啦房子塌了。 Huālālā fángzi tā le
와르르 하고 집이 무너졌다.

响(響) xiǎng 울림 향 / 울리다

例 电话响了。 Diànhuà xiǎng le.
전화벨이 울렸다.

哟(喲) yo 어조사 약 / 어조사, 아! 어!

例 哎哟! Àiyo! 아이고!

罚(罰) fá 죄 벌 / 벌

例 科以罚金 kē yǐ fájīn 벌금을 부과하다

贱(賤) jiàn 천할 천 / 천하다, 싸다

例 低贱的身份 dījiàn de shēnfen 비천한 신분

贴(貼) tiē 붙을 첩 / 붙다, 붙이다, 수당

例 贴着墙走 tiē zhe qiáng zǒu
벽에 바싹 붙어 가다

贻(貽) yí 끼칠 이 / 끼치다

钞(鈔) chāo 지폐 초 / 지폐

例 这是伪钞, 使不得!
Zhè shì wěichāo, shǐ bu de!
이건 위조지폐니 사용할 수 없다!

钟(鐘) zhōng 쇠북 종 / 종
钟(鍾) zhōng 종 종 / 종

例 听打钟的声音 tīng dǎ zhōng de shēngyīn
타종 소리를 듣다

9회 | 119

钢(鋼) gāng 강철 강 / 강철

예 打铁炼成钢铁 dǎ tiě liàn chéng gāngtiě
철을 두드려 강철로 만들다

钥(鑰) yào 자물쇠 약 / 자물쇠

예 我把钥匙忘了带来了!
Wǒ bǎ yàoshi wàng le dài lái le!
열쇠를 잊고 안 가져왔구나!

钦(欽) qīn 공경할 흠 / 공경하다

钩(鉤) gōu 갈고랑이 구 / 갈고랑이

예 钩秤 gōuchèng 갈고리가 달린 저울

氢(氫) qīng 수소 경 / 수소

毡 zhān 모전 전 / 양탄자

예 如坐针毡 rú zuò zhēnzhān
바늘방석에 앉은 것 같다

浒(滸) hǔ 물가 호 / 물가

예 《水浒传》《shuǐhǔzhuàn》《수호전》

浓(濃) nóng 짙을 농 / 짙다

예 味道真浓。 Wèidao zhēn nóng.
맛이 정말 진하다.

恸(慟) tòng 서럽게울 통 / 서럽게 울다

예 掩面恸哭 yǎn miàn tòngkū
얼굴을 가리고 통곡하다

恻(惻) cè 슬퍼할 측 / 슬퍼하다

恼(惱) nǎo 괴로워할 뇌 / 번뇌하다, 화나게 하다

| 恼 | 恼 | | | | |

例 不要把他惹恼!　Búyào bǎ tā rě nǎo!
그를 화나게 하지 마라!

诫(誡) jiè 경계할 계 / 경계하다

| 诫 | 诫 | | | | |

例 诫其下次　jiè qí xiàcì
다음부터 주의하라 경고하다

举(擧) jǔ 들 거 / 들다

| 举 | 举 | | | | |

例 举手回答!　Jǔ shǒu huídá!
손들고 대답하세요!

诬(誣) wū 무고할 무 / 무고하다

| 诬 | 诬 | | | | |

例 捏词诬告　niēcí wūgào　무고날조

觉(覺) jué, jiào 깨달을 각 / 깨닫다, 잠

| 觉 | 觉 | | | | |

例 你觉得怎么样?　Nǐ jué de zěnmeyàng?
너는 어때?
睡觉　shuìjiào　잠을 자다

语(語) yǔ 말씀 어 / 말씀, 언어

| 语 | 语 | | | | |

例 用语言披露真情
yòng yǔyán pīlù le zhēnqíng
언어로 진심을 드러내다

宪(憲) xiàn 법 헌 / 법

| 宪 | 宪 | | | | |

例 依据宪法第一条　yījù xiànfǎ dì yī tiáo
헌법 제1조에 의거하다

诱(誘) yòu 꾈 유 / 꾀다

| 诱 | 诱 | | | | |

例 引诱为非　yǐnyòu wéi fēi
나쁜 짓을 하도록 꾀다

窃(竊) qiè 훔칠 절 / 훔치다

| 窃 | 窃 | | | | |

例 因盗窃案被监禁　yīn dàoqiè'àn bèi jiānjìn
절도 사건으로 감금되다

说(說) shuō 말씀 설 / 말하다

| 说 | 说 | | | | |

例 你说什么?　Nǐ shuō shénme?　뭐라고요?

诵(誦) sòng 욀 송 / 외다

예 背诵常见的名句
bèisòng cháng jiàn de míngjù
흔한 명언을 암송하다

垦(墾) kěn 개간할 간 / 개간하다

예 垦荒　kěnhuāng　황무지를 개간하다

昼(晝) zhòu 낮 주 / 낮

예 昼夜轮班制　zhòuyè lúnbānzhì
주야 교대 근무제

费(費) fèi 쓸 비 / 쓰다

예 让你破费了!　Ràng nǐ pò fèi le!
제가 돈만 쓰게 했네요!

逊(遜) xùn 겸손할 손 / 겸손하다

险(險) xiǎn 험할 험 / 험하다

예 好危险呢!　Hǎo wēixiǎn ne!　아주 위험해!

贺(賀) hè 하례 하 / 하례

예 祝贺你!　Zhùhè nǐ!　축하해!

骄(驕) jiāo 교만할 교 / 교만하다

예 感到很骄傲　gǎndào hěn jiāo'ào
매우 자부심을 느끼다

骆(駱) luò 낙타 낙 / 낙타

예 骆驼　luòtuo　낙타

骈(駢) pián 나란히할 변 / 나란히 하다

예 骈俪文　piánlìwén　변려문

垒(壘) lěi 진 루 / 진, 쌓다

예 垒一道墙 lěi yí dào qiáng 담을 쌓다

绕(繞) rào 두를 요 / 두르다, 감싸다

예 别绕弯子! Bié rào wānzi!
돌려 말하지 마세요!

娇(嬌) jiāo 아리따울 교 / 아리땁다, 애교, 응석

예 娇纵孩子 jiāozòng háizi
아이의 응석을 다 받아주다

绘(繪) huì 그림 회 / 그림

예 生动地描绘 shēngdòng de miáohuì
생동감 있게 그려내다

绑(綁) bǎng 동여맬 방 / 동여매다, 유괴하다

예 用绳子把东西绑牢
yòng shéngzi bǎ dōngxi bǎng láo
끈으로 물건을 단단히 묶다

绞(絞) jiǎo 목맬 교 / 목을 매다, 뒤얽히다, 후비다

예 绞结在一起 jiǎojié zài yìqǐ 한데 뒤얽히다

绒(絨) róng 융 융 / 융단, 모직

예 鸭绒被 yāróngbèi 오리털 이불

统(統) tǒng 큰줄기 통 / 큰 줄기, 계통, 모두

예 统揽全局 tǒnglǎn quánjú 대세를 장악하다

结(結) jié 맺을 결 / 맺다

예 打结 dǎjié 매듭을 지다

给(給) gěi 넉넉할 급 / 넉넉하다, 주다, …해주다

예 给老师磕头 gěi lǎoshī kētóu
선생님께 절하다

络(絡) luò, lào 헌솜 락 / 헌 솜

络	络				

예) 疏通经络 shūtōng jīngluò 경락을 소통시키다
轮子活络 lúnzi huólào 바퀴가 흔들거리다

绝(絕) jué 끊을 절 / 끊다

绝	绝				

예) 绝症 juézhèng 불치의 병

差(差) chà, chā, chāi 어긋날 차 / 차이, 어긋나다, 출장하다

差	差				

예) 差一点儿 chàyidiǎnr 하마터면
时差 shíchā 시차
出差 chūchāi 출장가다

秒 miǎo 초 초 / 초(시간 단위)

秒	秒				

예) 分秒必争 fēn miǎo bì zhēng 분초를 다투다

한자를 알면 중국어가 보인다

10획

恩 ēn 은혜 은 / 은혜

예 受人恩惠 shòu rén ēnhuì 남의 은혜를 받다

哭 kū 울 곡 / 울다

예 不要哭! Búyào kū! 울지 마라!

起 qǐ 일어날 기 / 일어나다

예 起作用 qǐ zuòyòng 작용을 일으키다

疾 jí 병 질 / 병, 괴로움

예 积劳成疾 jī láo chéng jí 피로가 쌓여 병이 되다

疼 téng 아플 동 / 아프다, 귀여워하다

예 疼死我了! Téng sǐ wǒ le! 아파 죽겠네!

鬼 guǐ 귀신 귀 / 귀신

예 有鬼呀! Yǒu guǐ ya! 귀신이다!

笑 xiào 웃을 소 / 웃다, 비웃다

예 我刚学汉语, 别笑我!
Wǒ gāng xué Hànyǔ, bié xiào wǒ!
중국어를 막 배워서 그러니까 비웃지 마세요!

弱 ruò 약할 약 / 약하다

예 气息微弱 qìxī wēiruò 숨결이 미약하다

家 jiā 집 가 / 집

例 家庭主妇 jiātíng zhǔfù 가정주부

素 sù 흴 소 / 희다

例 穿素 chuān sù 상복을 입다

娘 niáng 아가씨 낭 / 아가씨, 어머니

例 后娘 hòuniáng 계모

旅 lǚ 군사 려 / 군사, 나그네

例 旅行社导游 lǚxíngshè dǎoyóu
여행사 가이드

院 yuàn 담 원 / 담, 집, 단단하다

例 住院治疗 zhùyuàn zhìliáo 입원 치료

排 pái 밀칠 배 / 밀치다, 배열하다

例 排队 pái duì 줄을 서다

浩 hào 클 호 / 크다, 넓다

例 声势浩大 shēngshì hàodà 기세가 대단하다

租 zū 구실 조 / 구실, 세금, 세내다

例 此屋招租 cǐ wū zhāo zū! 방을 세 놓습니다!

辱 rǔ 욕보일 욕 / 욕보이다

例 蒙受耻辱 méngshòu chǐrǔ 치욕을 당하다

害 hài 해칠 해 / 해치다, 방해하다

例 害人反害己 hài rén fǎn hài jǐ
남을 해치려다 자신이 해를 입다

班 bān 나눌 반 / 나누다, 반

예 插班 chā bān 편입하다

振 zhèn 떨칠 진 / 떨치다

예 食欲不振 shíyù bú zhèn 식욕 부진

缺 quē 모자랄 결 / 모자라다

예 缺课 quē kè 수업에 빠지다

校 xiào 학교 교 / 학교
　　jiào 교정할 교 / 교정하다

예 学校 xuéxiào 학교
　校对 jiàoduì 교정하다

哥 gē 노래 가 / 노래, 형

예 大哥 dàgē 큰형, 왕초

胸 xiōng 가슴 흉 / 가슴

예 这病是胸膜炎。 Zhè bìng shì xiōngmóyán.
이 병은 늑막염이다.

桃 táo 복숭아나무 도 / 복숭아

예 桃花谢了。 Táohuā xiè le. 복숭아꽃이 졌다.

唐 táng 당나라 당 / 당나라, 허풍

예 荒唐的事 huāngtáng de shì 황당한 일

秦 qín 벼이름 진 / 진나라

예 秦始皇 Qínshǐhuáng 진시황

浮 fú 뜰 부 / 뜨다

예 浮在水面上 fú zài shuǐmiàn shang
수면 위에 떠 있다

庭 tíng 뜰 정 / 뜰, 마당, 집안

庭	庭			

예 温馨的家庭　wēnxīn de jiātíng
포근하고 아늑한 가정

站 zhàn 우두커니설 참 / 서다, 역참

站	站			

예 站起来!　Zhàn qǐlái!　일어서!

矩 jǔ 곱자 구 / 곱자

矩	矩			

예 没规矩的样子　méi guīju de yàngzi
버릇없는 모습

畜 chù 쌓을 축 / 쌓다, 가축

畜	畜			

예 牲畜　shēngchù　가축

窄 zhǎi 좁을 착 / 좁다

窄	窄			

예 又小又窄　yòu xiǎo yòu zhǎi　작고 비좁다

速(速) sù 빠를 속 / 빠르다, 초대하다

速	速			

예 高速公路　gāosù gōnglù　고속도로
　不速之客　búsù zhī kè　불청객

峰 fēng 봉우리 봉 / 봉우리

峰	峰			

예 珠穆郎玛峰　Zhūmùlángmǎ fēng
에베레스트산 봉우리

柳 liǔ 버들 류 / 버들, 버드나무

柳	柳			

예 袅娜的柳丝　niǎonuó de liǔsī
가냘픈 버드나무 가지

被 bèi 이불 피 / 이불, 당하다

被	被			

예 盖被子　gài bèizi　이불을 덮다

逢(逢) féng 만날 봉 / 만나다

逢	逢			

예 生不逢时　shēng bù féng shí
인재가 때를 만나지 못하다

烟(煙) yān 연기 연 / 연기, 담배

예) 冒烟 mào yān 연기가 나다

柴 chái 섶 시 / 땔감

예) 打柴 dǎ chái 땔감을 하다

蚊 wén 모기 문 / 모기

예) 被蚊子咬了 bèi wénzi yǎo le 모기에게 물렸다

桌(卓) zhuō 탁자 탁 / 탁자

예) 订一桌菜 dìng yì zhuō cài 요리 한 상을 예약하다

殊 shū 죽일 수 / 죽이다, 다르다

예) 待以殊礼 dài yǐ shū lǐ 특별 대우하다

艳(艷) yàn 고울 염 / 곱다

예) 她非常美艳。Tā fēicháng měiyàn.
그녀는 매우 농염하다.

蚕(蠶) cán 누에 잠 / 누에

예) 对养蚕很内行 duì yǎngcán hěn nèiháng
양잠에 대해 매우 정통하다

顽(頑) wán 완고할 완 / 완고하다

예) 冥顽不灵 míng wán bù líng
어리석고 둔하다

盏(盞) zhǎn 잔 잔 / 잔

예) 一盏电灯 yì zhǎn diàndēng 전등 하나

载(載) zài, zǎi 실을 재 / 싣다

예) 卡车上满载着化肥 kǎchē shang mǎn zài
zhe huàféi. 트럭에 비료가 가득 실려 있다
上载 shàngzài 업로드하다

赶(趕) gǎn 달릴 간 / 달리다

| 赶 | 赶 | | | |

예 你追我赶 nǐ zhuī wǒ gǎn 서로 쫓고 쫓기다

热(熱) rè 더울 열 / 덥다, 열

| 热 | 热 | | | |

예 把菜热一热 bǎ cài rè yi rè 음식을 데우다

捞(撈) lāo 잡을 로 / 잡다

| 捞 | 捞 | | | |

예 打捞 dǎ lāo 인양하다

凉 liáng 서늘할 량 / 서늘하다

| 凉 | 凉 | | | |

예 着凉 zháo liáng 감기에 걸리다

捆(綑) kǔn 짤 곤 / 짜다, 묶다

| 捆 | 捆 | | | |

예 捆行李 kǔn xíngli 짐을 묶다

捣(搗) dǎo 찧을 도 / 찧다, 치다

| 捣 | 捣 | | | |

예 直捣敌营 zhí dǎo díyíng
적의 진영으로 돌진하다

损(損) sǔn 덜 손 / 덜다, 손해보다

| 损 | 损 | | | |

예 有益无损 yǒu yì wú sǔn
이익만 있고 손해는 없다

壶(壺) hú 병 호 / 병, 단지

| 壶 | 壶 | | | |

예 一壶酒 yì hú jiǔ 술 한 주전자

挚(摯) zhì 잡을 지 / 잡다

| 挚 | 挚 | | | |

예 诚挚的友谊 chéngzhì de yǒuyì 진실한 우정

莲(蓮) lián 연밥 연 / 연밥, 연꽃

| 莲 | 莲 | | | |

예 莲花灯 liánhuādēng 연등

获(獲) huò 얻을 획 / 얻다
获(穫) huò 거둘 확 / 거두다

| 获 | 获 | | | |

예 虏获品 lǔhuòpǐn 노획물

恶(惡) è 악할 악 / 악하다

| 恶 | 恶 | | | |

예 无恶不作 wú è bú zuò 온갖 악행을 저지르다

莹(瑩) yíng 밝을 영 / 밝다

| 莹 | 莹 | | | |

예 晶莹的眼睛 jīngyíng de yǎnjing
　　반짝이는 눈

莺(鶯) yīng 꾀꼬리 앵 / 꾀꼬리

| 莺 | 莺 | | | |

예 黄莺 huángyīng 꾀꼬리

栖(棲) qī 쉴 서 / 쉬다, 깃들다

| 栖 | 栖 | | | |

예 栖身之处 qī shēn zhī chù 몸을 의지할 곳

桥(橋) qiáo 다리 교 / 다리

| 桥 | 桥 | | | |

예 架桥 jià qiáo 다리를 세우다

桧(檜) guì, huì 노송나무 회 / 노송

| 桧 | 桧 | | | |

样(樣) yàng 모양 양 / 모양

| 样 | 样 | | | |

예 看样子 kàn yàngzi 모양을 보다

贾(賈) gǔ 장사 고 / 장사

| 贾 | 贾 | | | |

唇(脣) chún 입술 순 / 입술

| 唇 | 唇 | | | |

예 上嘴唇 shàngzuǐchún 윗입술

础(礎) chǔ 주춧돌 추 / 주춧돌

础 础

예 础石 chǔshí 초석

致 zhì 보낼 치 / 보내다, 바치다

致 致

예 向他们致敬 xiàng tāmen zhìjìng
그들에게 경의를 표하다

顾(顧) gù 돌아볼 고 / 돌아보다

顾 顾

예 相顾一笑 xiāng gù yí xiào 마주보고 웃다

豺 chái 승냥이 시 / 승냥이

豺 豺

예 比豺狼还狠 bǐ cháiláng hái hěn
승냥이보다 잔혹하다

较(較) jiào 견줄 교 / 견주다

较 较

예 一比较就是天地之差。
Yì bǐjiào jiù shì tiāndì zhī chā.
비교해보니 천지 차이가 난다.

狼 láng 이리 랑 / 이리

狼 狼

예 狼心狗肺 láng xīn gǒu fèi
흉악하고 잔혹한 심성

顿(頓) dùn 조아릴 돈 / 조아리다, 멈추다, 끼니

顿 顿

예 一天吃三顿饭 yì tiān chī sān dùn fàn
하루에 세 끼를 먹다

悔 huǐ 뉘우칠 회 / 뉘우치다

悔 悔

예 我真后悔。 Wǒ zhēn hòuhuǐ.
나는 정말 후회한다.

毙(斃) bì 넘어질 폐 / 넘어지다, 죽다

毙 毙

예 枪毙 qiāngbì 총살하다

悟 wù 깨달을 오 / 깨닫다

悟 悟

예 你觉悟吧! Nǐ juéwù ba! 너 각오해라!

虑(慮) lǜ 생각할 려 / 생각하다

예) 你考虑一下! Nǐ kǎolǜ yíxià!
좀 고려해 보시오!

晒(曬) shài 쬘 쇄 / 쬐다

예) 晒干的稻草 shài gān de dàocǎo
바싹 말린 벼

监(監) jiān 살필 감 / 살피다

예) 监视他! Jiānshì tā! 그를 감시하라!

晕(暈) yūn, yùn 무리 훈 / 무리, 어지럽다

예) 昏晕 hūnyūn 현기증 나다
头发晕 tóu fāyùn 머리가 어질어질하다

紧(緊) jǐn 굳게얽을 긴 / 굳게 얽다

예) 身体要紧 shēntǐ yàojǐn 몸 건강이 중요하다

鸯(鴦) yāng 원앙 앙 / 원앙

党(黨) dǎng 무리 당 / 무리

예) 分门结党 fēn mén jié dǎng
분파를 나누어 당을 결성하다

罢(罷) bà 방면할 파 / 방면하다, 쉬다

예) 欲罢不能 yù bà bù néng
그만두고 싶어도 그럴 수 없다

鸭(鴨) yā 오리 압 / 오리

예) 鸭掌 yāzhǎng 오리발

圆(圓) yuán 둥글 원 / 둥글다

예) 圆满的结果 yuánmǎn de jiéguǒ
원만한 결과

贼(賊) zéi 도적 적 / 도적, 도둑

例 做贼 zuò zéi 도둑질을 하다

钻(鑽) zuān, zuàn 뚫을 찬 / 뚫다

例 钻个眼儿 zuàn ge yǎnr 구멍을 뚫다

贿(賄) huì 뇌물 회 / 뇌물

铁(鐵) tiě 쇠 철 / 쇠

例 竖立一根粗大的铁柱
shùlì yì gēn cūdà de tiězhù
굵은 철 기둥 하나를 세우다

赂(賂) lù 뇌물 뢰 / 뇌물

例 受贿赂 shòu huìlù 뇌물을 받다

铃(鈴) líng 방울 령 / 방울

例 电话铃声 diànhuà língshēng 전화 벨소리

赃(贓) zāng 장물 장 / 장물

例 捉贼捉赃 zhuō zéi zhuō zāng
도둑을 잡으려면 장물을 잡아야 하는 법

铅(鉛) qiān 납 연 / 납

例 用铅笔写 yòng qiānbǐ xiě 연필로 쓰다

钱(錢) qián 돈 전 / 돈

例 钱, 钱, 钱, 又是钱!
Qián, qián, qián, yòu shì qián!
돈, 돈, 돈, 또 돈이야!

铉(鉉) xuàn 솥귀 현 / 솥귀

牺(犧) xī 희생 희 / 희생하다

牺 | 牺 | | | |

예) 牺牲一切 xīshēng yíqiè 모든 것을 희생하다

笋(筍) sǔn 죽순 순 / 순

笋 | 笋 | | | |

예) 竹笋 zhúsǔn 죽순

敌(敵) dí 원수 적 / 원수

敌 | 敌 | | | |

예) 遇见敌手 yùjiàn díshǒu
제대로 적수를 만나다

债(債) zhài 빚 채 / 빚

债 | 债 | | | |

예) 讨债鬼 tǎozhàiguǐ 빚쟁이(독촉)

积(積) jī 쌓을 적 / 쌓다

积 | 积 | | | |

예) 体积相等 tǐjī xiāng děng 부피가 서로 같다

借 jiè 빌릴 차 / 빌리다

借 | 借 | | | |

예) 借来的书 jiè lái de shū 빌려온 책

称(稱) chēng 일컬을 칭 / 부르다

称 | 称 | | | |

예) 我该怎么称呼她?
Wǒ gāi zěnme chēnghu tā?
내가 그녀를 뭐라 불러야 하지?

值(值) zhí 값 치 / 값, 가치

值 | 值 | | | |

예) 值得效法 zhíde xiàofǎ 본받을 만하다

笔(筆) bǐ 붓 필 / 붓, 획

笔 | 笔 | | | |

예) '九'字有二笔。 'Jiǔ' zì yǒu èr bǐ.
'九'자는 2획이다.

倾(傾) qīng 기울 경 / 기울다

倾 | 倾 | | | |

예) 向前倾 xiàng qián qīng 앞으로 기울어지다

赁(賃) lìn 품팔이 임 / 품팔이, 고용인, 임대하다

赁	赁				

예 赁房钱 lìnfángqián 집세, 임대료

脐(臍) qí 배꼽 제 / 배꼽

脐	脐				

예 断脐带儿 duàn qídàir 탯줄을 끊다

脏(臟) zàng 오장 장 / 오장, 내장
脏(髒) zāng 꼬장꼬장할 장 / 더럽다

脏	脏				

예 有心脏病 yǒu xīnzàngbìng
　　심장병을 가지고 있다
　　脏衣服 zāng yīfu 더러운 옷

鸵(鴕) tuó 타조 타 / 타조

鸵	鸵				

예 鸵鸟 tuóniǎo 타조

胶(膠) jiāo 아교 교 / 아교, 풀

胶	胶				

예 用胶水粘上 yòng jiāoshuǐ zhān shang
　　아교풀로 붙이다

鸳(鴛) yuān 원앙 원 / 원앙

鸳	鸳				

예 鸳鸯 yuānyāng 원앙새

脓(膿) nóng 고름 농 / 고름

脓	脓				

예 把脓血嘬出来 bǎ nóngxuè chuài chūlái
　　고름을 빨아내다

皱(皺) zhòu 주름 추 / 주름

皱	皱				

예 脸上起皱 liǎn shang qǐ zhòu
　　얼굴에 주름이 생기다

脑(腦) nǎo 뇌 뇌 / 뇌

脑	脑				

예 头脑清醒了 tóunǎo qīngxǐng le
　　머리가 맑아졌다

俄 é 갑자기 아 / 갑자기, 러시아

俄	俄				

예 沙皇俄罗斯 shāhuáng Éluósī 제정 러시아

挛(攣) luán 결릴 련 / 걸리다

예 打一个拘挛 dǎ yí ge jūluán
경련을 일으키다

恋(戀) liàn 사모할 연 / 사모하다

예 谈恋爱 tán liàn'ài 연애하다

浆(漿) jiāng 미음 장 / 미음, 죽, 풀을 먹이다

예 浆得很挺式 jiāng de hěn tǐngshi
빳빳하게 풀을 먹이다

席 xí 자리 석
席(蓆) xí 클 석 / 자리, 크다

예 会议主席宣布散会。
Huìyì zhǔxí xuānbù sànhuì.
회의 의장이 폐회를 선포했다.

痉(痙) jìng 심줄당길 경 / 심줄 당기다

예 痉挛 jìngluán 경련

准(準) zhǔn 수준기 준 / 수준기

예 瞅准 chǒu zhǔn 똑바로 보다

离(離) lí 떨어질 리 / 떨어지다

예 离这儿很远。Lí zhèr hěn yuǎn.
여기에서 멀다.

资(資) zī 재물 자 / 재물, 밑천

예 工资不高 gōngzī bù gāo 월급이 적다

竞(競) jìng 겨룰 경 / 겨루다

예 快艇竞赛 kuàitǐng jìngsài 요트 경기

阅(閱) yuè 검열할 열 / 검열하다, 읽다

예 请阅后放还原处!
Qǐng yuè hòu fànghuán yuánchù!
열람 후 제자리에 놓으시오!

郸(鄲) dān 조나라서울 단 / 나라 이름

递(遞) dì 갈마들 체 / 전하다, 보내다

예) 速递公司　sùdì gōngsī　택배회사

烦(煩) fán 괴로워할 번 / 괴로워하다, 귀찮게 하다

예) 不要烦我了!　Búyào fán wǒ le!
나 좀 괴롭히지 마라!

涛(濤) tāo 큰물결 도 / 큰 물결

예) 波涛汹涌　bōtāo xiōngyǒng　파도가 세차다

烧(燒) shāo 사를 소 / 태우다, 열

예) 烧退了!　Shāo tuì le!　열이 내렸다!

涡(渦) wō 소용돌이 와 / 소용돌이

예) 卷入漩涡　juǎnrù xuánwō
소용돌이에 말려들다

烛(燭) zhú 촛불 촉 / 촛불

예) 花烛夫妻　huāzhú fūqī　정식 부부

涂(塗) tú 칠할 도 / 칠하다, 바르다

예) 涂上煤黑油　tú shang méihēiyóu
코르타르를 칠하다

烨(燁) yè 빛날 엽 / 빛나다

涤(滌) dí 씻을 척 / 씻다

예) 洗涤　xǐdí　세척하다

润(潤) rùn 젖을 윤 / 젖다, 축이다, 적시다

예 给我一口水润一润
Gěi wǒ yì kǒu shuǐ rùn yi rùn!
목을 축이게 물 좀 주시오!

涌(湧) yǒng 물솟을 용 / 물이 솟다

예 从四周涌出来 cóng sìzhōu yǒng chūlái
사면에서 쏟아져 나오다

涧(澗) jiàn 시내 간 / 시내

悯(憫) mǐn 근심할 민 / 근심하다

예 其情可悯 qí qíng kě mǐn 사정이 딱하다

涨(漲) zhǎng 물불을 창 / 물이 붇다, 오르다

예 涨价 zhǎng jià 가격이 오르다

宽(寬) kuān 너그러울 관 / 넓다, 너그럽다, 폭

예 有多宽? Yǒu duō kuān? 폭이 얼마나 됩니까?

烫(燙) tàng 데울 탕 / 데우다

예 手背烫坏了。 Shǒubèi tàng huài le.
손등을 데었다.

家 jiā 집 가 / 집

예 他家里闹贼了。 Tā jiā li nào zéi le.
그의 집안에 도둑이 들었다.

涩(澁) sè 떫을 삽 / 떫다

예 除掉涩水 chú diào sèshuǐ 떫은맛을 제거하다

宾(賓) bīn 손 빈 / 손님

예 各位来宾! Gèwèi láibīn! 내빈 여러분!

10획 | 139

窍(竅) qiào 구멍 규 / 구멍

예) 找窍门 zhǎo qiàomén 비결을 찾다

诽(誹) fěi 헐뜯을 비 / 헐뜯다

예) 受诽谤 shòu fěibàng 비방을 받다

请(請) qǐng 청할 청 / 청하다

예) 我请客! Wǒ qǐngkè! 내가 살게! (식사)

袜(襪) wà 버선 말 / 양말

예) 臭袜子 chòu wàxi 냄새나는 양말

诸(諸) zhū 모든 제 / 모든

예) 诸葛亮 Zhūgě Liàng 제갈량

课(課) kè 매길 과 / 매기다, 수업

예) 我们下课! Wǒmen xià kè!
우리 수업을 마칩시다!

诺(諾) nuò 대답할 낙 / 대답하다

예) 他已经承诺了。 Tā yǐjīng chéngnuò le.
그는 이미 승낙했다.

谁(誰) shéi 누구 수 / 누구

예) 谁是王先生? Shéi shì Wáng xiānsheng?
누가 왕 선생입니까?

读(讀) dú 읽을 독 / 읽다

예) 死读书没用! Sǐ dúshū méi yòng!
맹목적으로 공부해야 소용없다!

调(調) diào, tiáo 고를 조 / 고르다, 조절하다

예) 我去调查! Wǒ qù diàochá!
내가 가서 조사할게!
开空调 kāi kōngtiáo 에어컨을 켜다

谄(諂) chǎn 아첨할 첨 / 아첨하다

例 别信他那套谄媚。
Bié xìn tā nà tào chǎnmèi.
그가 아첨하는 것을 믿지 말라.

谅(諒) liàng 믿을 양 / 믿다, 양해하다

例 请原谅! Qǐng yuánliàng! 용서하세요!

谆(諄) zhūn 타이를 순 / 타이르다

例 谆谆教诲 zhūnzhūn jiàohuì 간곡히 타이르다

谈(談) tán 말씀 담 / 말, 이야기하다

例 你们谈些什么呢?
Nǐmen tán xiē shénme ne?
무슨 얘기들을 하고 있니?

谊(誼) yì 옳을 의 / 옳다, 우의

例 深情厚谊 shēnqíng hòuyì 두터운 정

恳(懇) kěn 정성 간 / 정성

例 恳切地希望 kěnqiè de xīwàng
간절히 원하다

剧(劇) jù 심할 극 / 심하다, 연극

例 戏剧电影系 xìjù diànyǐngxì 연극영화과

娲(媧) wā 여신 와(왜, 과, 괘) / 여신

例 伏羲和女娲 Fúxī hé Nǚwā 복희와 여와

难(難) nán, nàn 어려울 난 / 어렵다, 고난

例 汉语不难学。Hànyǔ bù nán xué.
중국어는 배우기 어렵지 않다.
遇难信号 yùnàn xìnhào 조난 신호

预(預) yù 미리 예 / 미리

例 做预备工作 zuò yùbèi gōngzuò
예비 작업을 하다

骋(騁) chěng 달릴 빙 / 달리다

| 骋 | 骋 | | | | |

예 汽车在路上驰骋。
　　Qìchē zài lù shang chíchěng.
　　자동차가 길 위를 내달리다.

验(驗) yàn 증험할 험 / 증험하다

| 验 | 验 | | | | |

예 切身体验　qièshēn tǐyàn　몸소 체험하다

骏(駿) jùn 준마 준 / 준마

| 骏 | 骏 | | | | |

예 骏日行三万里。Jùn rì xíng sān wàn lǐ.
　　준마는 하루에 3만 리를 달린다.

绢(絹) juàn 명주 견 / 명주

| 绢 | 绢 | | | | |

绣(繡) xiù 수놓을 수 / 수놓다

| 绣 | 绣 | | | | |

예 绣花　xiù huā　꽃을 수놓다

继(繼) jì 이을 계 / 잇다

| 继 | 继 | | | | |

예 继承先辈的事业
　　jìchéng xiānbèi de shìyè
　　선구자의 사업을 계승하다

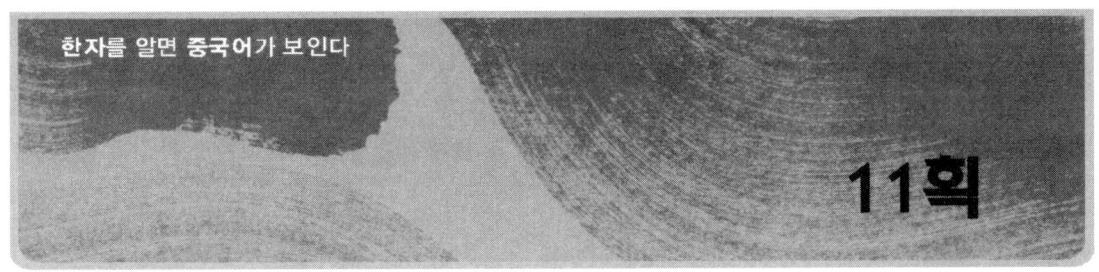

한자를 알면 중국어가 보인다

11획

累 lěi 묶을 루 / 묶다, 쌓다
lèi 지치다, 피곤하다

累 累

例 积累经验 jīlěi jīngyàn 경험을 축적하다
累死我了! Lèi sǐ wǒ le! 힘들어 죽겠다!

清 qīng 맑을 청 / 맑다

清 清

例 你说清楚! Nǐ shuō qīngchu! 분명히 말해!

堂 táng 집 당 / 집

堂 堂

例 去礼堂 qù lǐtáng 강당에 가다

商 shāng 헤아릴 상 / 헤아리다, 장사

商 商

例 跟他商量 gēn tā shāngliang 그와 상의하다

船 chuán 배 선 / 배

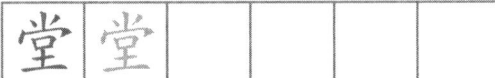

例 上船 shàng chuán 배를 타다

麻 má 삼 마 / 삼, 삼베

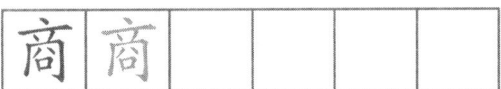

例 真麻烦! Zhēn máfan! 정말 성가시다!

常 cháng 항상 상 / 항상, 법도

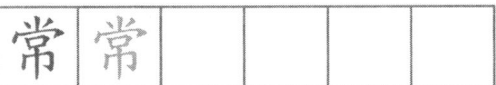

例 他经常说别人坏话。
Tā jīngcháng shuō biéren huàihuà.
그는 늘 남의 흉을 본다.

做 zuò 지을 주 / 만들다, …을 하다

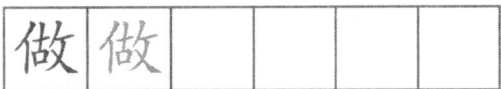

例 说一套做一套 shuō yí tào zuò yí tào
말 따로 행동 따로

淫 yín 음란할 음 / 음란하다

예 观看淫秽的电影
guānkàn yínhuì de diànyǐng
음란한 영화를 관람하다

寂 jì 고요할 적 / 고요하다

예 我一个人很寂寞。Wǒ yí ge rén hěn jìmò.
나 혼자 매우 외롭다.

宿 sù 묵을 숙 / 묵다

예 在学校寄宿 zài xuéjiào jìsù
학교에 기숙하다

脚 jiǎo 다리 각 / 다리, 발

예 机器脚踏车 jīqì jiǎotàchē 오토바이

眼 yǎn 눈 안 / 눈

예 不顺眼儿 bú shùn yǎnr 눈에 들지 않다

教 jiào, jiāo 가르칠 교 / 가르치다

예 教室 jiàoshì 교실
教英文 jiāo Yīngwén 영어를 가르치다

脖 bó 배꼽 발 / 목

예 缩脖子 suō bózi 목을 움츠리다

甜 tián 달 첨 / 달다

예 甜瓜 tiánguā 멜론, 참외

淡 dàn 묽을 담 / 묽다, 싱겁다

예 生意清淡 shēngyi qīngdàn 장사가 한산하다

粗 cū 거칠 조 / 거칠다, 굵다

예 粗声粗气 cūshēng cūqì 굵고 낮은 목소리

健 jiàn 튼튼할 건 / 튼튼하다

예 还健在 hái jiànzài 아직까지 건재하다

晨 chén 새벽 신 / 새벽, 아침

예 晨雾弥漫 chénwù mímàn
새벽안개가 자욱하다

康 kāng 편안할 강 / 편안하다

예 康乐室 kānglèshì 오락실

盒 hé 합 합 / 상자, 둥근 도시락

예 拎着饭盒上班 līn zhe fànhé shàngbān
도시락을 들고 출근하다

渡 dù 건널 도 / 건너다, 지나가다

예 渡过难关再说! Dùguò nánguān zài shuō!
일단 난관을 넘긴 다음 얘기하자!

袋 dài 자루 대 / 자루, 주머니

예 从口袋里拿出卫生纸
cóng kǒudài li ná chū wèishēngzhǐ
주머니에서 휴지를 꺼내다

慢 màn 게으를 만 / 게으르다, 늦다

예 慢慢儿来嘛! Mànmānr lái ma!
천천히 하시죠!
懒慢 lǎnmàn 태만하다

娶 qǔ 장가들 취 / 장가들다

예 什么时候娶媳妇儿?
Shénme shíhou qǔ xífur? 언제 장가갈래?

婚 hūn 혼인할 혼 / 혼인하다

예 婚姻是爱的结果。Hūnyīn shì ài de jiéguǒ.
혼인은 사랑의 결과이다.

深 shēn 깊을 심 / 깊다

예 感到深切的悲痛 gǎndào shēnqiè de bēitòng
깊은 아픔을 느끼다

晚 wǎn 늦을 만 / 늦다

예 对不起, 我来晚了! Duì bu qǐ, wǒ lái wǎn le! 미안해요. 제가 늦게 왔네요!

理 lǐ 다스릴 리 / 다스리다, 처리하다

예 摆事实, 讲道理。Bǎi shìshí, jiǎng dàoli. 사실을 들어 이치를 설명하다.

晴 qíng 맑을 청 / 맑다

예 天晴了! Tiān qíng le! 날이 맑아졌다.

望 wàng 바랄 망 / 바라다

예 希望你成功! Xīwàng nǐ chénggōng! 성공하길 바란다!

雪 xuě 눈 설 / 눈

예 下雪 xià xuě 눈이 오다

笨 bèn 거칠 분 / 멍청하다

예 你真笨! Nǐ zhēn bèn! 너 정말 멍청하다!

烹 pēng 삶을 팽 / 삶다

예 兔死狗烹 tù sǐ gǒu pēng 토끼가 죽으면 사냥개는 삶아진다.

梨 lí 배나무 리 / 배, 배나무

예 两株梨树 liǎng zhū líshù 두 그루의 배나무

唱 chàng 노래 창 / 노래, 노래하다

예 唱一首歌 chàng yì shǒu gē 노래 한 곡 부르다

逸(逸) yì 달아날 일 / 달아나다, 안일하다

예 贪图安逸 tāntú ānyì 안일함을 추구하다

猪(猪) zhū 돼지 저 / 돼지

예 像猪窝一样 xiàng zhūwō yíyàng
돼지우리와 같다

鹿 lù 사슴 록 / 사슴

예 梅花鹿 méihuālù 꽃사슴

菠(菠) bō 시금치 파 / 시금치

예 买一把儿菠菜 mǎi yì bǎr bōcài
시금치 한 단을 사다

菊(菊) jú 국화 국 / 국화

예 衰残的菊花 shuāicán de júhuā 시들은 국화

梅 méi 매화나무 매 / 매화나무

예 梅花有五个花瓣儿。
Méihuā yǒu wǔ ge huābànr.
매화는 꽃잎이 5장이다.

得 dé 얻을 득 / 얻다
děi …해야 한다

예 毫无所得 háowú suǒdé 전혀 얻은 게 없다
我得回去。Wǒ děi huíqù. 나는 돌아가야 한다.

票 piào 불똥튈 표 / 불똥 튀다, 티켓, 표

예 买票入场 mǎi piào rùchǎng
표를 사서 입장하다

章 zhāng 글 장 / 글, 문장

예 写一篇文章 xiě yì piān wénzhāng
글을 한 편 쓰다

假 jiǎ 거짓 가 / 가짜, 거짓

예 是真的还是假的?
Shì zhēn de hái shì jiǎ de?
정말이야 거짓말이야?

疏 shū 트일 소 / 소원하다, 멀다

예 疏远的关系 shūyuǎn de guānxi 소원한 관계

11획 | 147

符 fú 부신 부 / 부신(符信), 첨부

| 符 | 符 | | | | |

예 加符号 jiā fúhào 부호를 붙이다

乾 qián 하늘 건 / 하늘

| 乾 | 乾 | | | | |

예 乾坤一掷 qián kūn yí zhì
건곤일척, 마지막 승부를 겨루다

推 tuī 옳을 추, 밀 퇴 / 옳다, 밀다

| 推 | 推 | | | | |

예 把他推荐为校长 bǎ tā tuījiàn wéi xiàozhǎng
그를 교장으로 추천하다

菜(菜) cài 나물 채 / 나물, 음식, 요리

| 菜 | 菜 | | | | |

예 这种菜油水太多。
Zhè zhǒng cài yóushuǐ tài duō.
이런 음식은 기름기가 너무 많다.

族 zú 겨레 족 / 겨레, 무리

| 族 | 族 | | | | |

예 少数民族 shǎoshù mínzú 소수민족

涮 shuàn 씻을 쇄 / 씻다

| 涮 | 涮 | | | | |

예 洗洗涮涮 xǐxi shuànshuan 씻어 헹구다

惜 xī 아낄 석 / 아끼다, 아깝다, 가엾다

| 惜 | 惜 | | | | |

예 真可惜! Zhēn kěxī! 진짜 안타깝다!

悫(愨) què 성실할 각 / 성실하다

| 悫 | 悫 | | | | |

惋 wǎn 한탄할 완 / 한탄하다

| 惋 | 惋 | | | | |

예 叹惋 tànwǎn 한탄하다

掳(擄) lǔ 사로잡을 로 / 사로잡다

| 掳 | 掳 | | | | |

예 奸淫掳掠 jiānyín lǔlüè 강간하고 약탈하다

窗(窗) chuāng 창 창 / 창, 굴뚝

例 登在窗台儿上 dēng zài chuāngtáir shàng
창문턱에 오르다

敢(敢) gǎn 감히 감 / 감히 하다

例 你竟敢骂我! Nǐ jìng gǎn mà wǒ!
너 감히 나를 욕했어!

掴(摑) guó 칠 괵 / 치다

掷(擲) zhì 던질 척 / 던지다

例 投掷手榴弹 tóuzhì shǒuliúdàn
수류탄을 투척하다

据(據) jù 의거할 거 / 의거하다

例 你说话要有根据!
Nǐ shuōhuà yào yǒu gēnjù!
말에 근거가 있어야지!

职(職) zhí 벼슬 직 / 벼슬, 관직

例 我们公司的职员
wǒmen gōngsī de zhíyuán 우리 회사 직원

萝(蘿) luó 무 라 / 무(植)

例 不少的萝卜都糠了。
Bù shǎo de luóbo dōu kāng le.
많은 무들이 모두 바람이 들었다.

萤(螢) yíng 개똥벌레 형 / 개똥벌레

例 萤火虫 yínghuǒchóng 반딧불

雅(雅) yǎ 우아할 아 / 우아하다

例 客厅摆设得很雅致。
Kètīng bǎishè de hěn yǎzhì.
응접실이 우아하게 꾸며졌다.

营(營) yíng 경영할 영 / 경영하다

例 大资本经营 dàzīběn jīngyíng 대자본 경영

11획 | 149

萧(蕭) xiāo 맑은대쑥 소 / 대쑥

匮(匱) kuì, guì 함 궤 / 함, 상자

萨(薩) sà 보살 살 / 보살

例 他可以说是活菩萨。
Tā kěyǐ shuō shì huó púsà.
그는 가히 살아있는 보살이다.

酝(醞) yùn 빚을 온 / 술을 빚다

例 酝酿好酒 yùnniàng hǎojiǔ 좋은 술을 빚다

梦(夢) mèng 꿈 몽 / 꿈

例 梦见国王是吉兆。
Mèng jiàn guówáng shì jízhào.
꿈에 왕을 본 것은 길조이다.

硕(碩) shuò 클 석 / 크다

例 拿到硕士学位 ná dào shuòshì xuéwèi
석사학위를 따다

检(檢) jiǎn 봉할 검 / 봉하다, 단속하다

例 恶名昭彰的检察官。
èmíng zhāozhāng de jiǎncháguān 악명 높은 검사

聋(聾) lóng 귀머거리 농 / 귀머거리

例 瘸子和聋子 quézi hé lóngzi
절름발이와 귀머거리

啬(嗇) sè 아낄 색 / 아끼다, 인색하다

例 吝啬鬼 lìnsèguǐ 구두쇠

袭(襲) xí 엄습할 습 / 엄습하다

例 受到敌军的袭击 shòudao díjūn de xíjī
적군의 습격을 받다

殒(殞) yǔn 죽을 운 / 죽다

堑(塹) qiàn 구덩이 참 / 구덩, 도랑

殓(殮) liàn 염할 렴 / 염하다

예 装殓下葬 zhuāng liàn xià zàng
염하고 장례를 치르다

啧(嘖) zé 외칠 책 / 외치다, 새소리

예 啧啧! zé zé! 쯧쯧! 쨱쨱!

辄(輒) zhé 문득 첩 / 문득

悬(懸) xuán 매달 현 / 매달다

예 悬梁 xuán liáng 대들보에 목을 매다

辅(輔) fǔ 덧방나무 보 / 덧방나무, 돕다

예 辅读学校 fǔdú xuéxiào 특수학교

跃(躍) yuè 뛸 약 / 뛰다

예 活跃海外 huóyuè hǎiwài 해외에서 활약하다

辆(輛) liàng 수레 량 / 수레, 차량

예 一辆车子 yí liàng chēzi 자동차 한 대

蛎(蠣) lì 굴 려 / 굴

예 蛎房 lìfáng 굴 껍데기

蛊(蠱) gǔ 독 고 / 독, 벌레, 미혹하다

예 蛊惑人心 gǔ huò rénxīn 민심을 혼미케 하다

婴(嬰) yīng 갓난아기 영 / 갓난아기

예 妇婴 fùyīng 산모와 아기

啰(囉) luō 소리칠 라 / 소리치다

예 啰哩啰嗦 luōli luōsuō 말이나 잔소리가 많다

赊(賒) shē 외상으로살 사 / 외상

예 贱卖不赊 jiàn mài bù shē
싸게는 팔아도 외상은 사절

啸(嘯) xiào 휘파람불 소 / 휘파람불다

예 长啸一声 cháng xiào yìshēng
길게 휘파람을 불다

铐(銬) kào 쇠고랑 고 / 쇠고랑

예 戴上手铐 dài shang shǒukào 수갑을 채우다

逻(邏) luó 돌 라 / 돌다, 순행하다

예 巡逻警察 xúnluó jǐngchá 순찰 경찰

蛋 dàn 새알 단 / 새알, 알

예 煎鸡蛋 jiān jīdàn 계란을 부치다

赈(賑) zhèn 구휼할 진 / 구휼하다

예 放赈 fàng zhèn 구호품을 내다

铜(銅) tóng 구리 동 / 구리

예 铜荷叶 tónghéyè 구리 경첩

铭(銘) míng 새길 명 / 새기다

예 墓志铭 mùzhìmíng 묘지명

秽(穢) huì 더러울 예 / 더럽다

예 秽声载道 huì shēng zài dào
더러운 소문이 무성하다

铮(錚) zhēng 쇳소리 쟁 / 쇳소리

예 铮铮作响 zhēngzhēng zuò xiǎng
소리가 쟁쟁하다

笺(箋) jiān 찌지 전 / 주해, 용지

예 信笺 xìnjiān 편지 용지

铳(銃) chòng 총 총 / 총

偿(償) cháng 갚을 상 / 갚다, 보상

예 照价赔偿 zhào jià péicháng
가격대로 보상하다

缁(緇) zī 검은비단 치 / 검은비단

偻(僂) lóu, lǚ 구부릴 루 / 굽다, 구부리다

예 偻指计之 lóu zhǐ jì zhī
손가락을 구부려 헤아리다

矫(矯) jiǎo 바로잡을 교 / 바로잡다

예 矫正错误 jiǎozhèng cuòwù 잘못을 바로잡다

躯(軀) qū 몸 구 / 몸

예 为国捐躯 wèi guó juān qū
나라를 위해 몸을 바치다

衔(銜) xián 재갈 함 / 재갈, 다물다

예 前后相衔　qiánhòu xiāng xián
앞뒤가 서로 물려 이어지다

舻(艫) lú 뱃머리 로 / 뱃머리

예 舳舻　zhúlú　선미와 선두

盘(盤) pán 소반 반 / 소반

예 一盘饺子　yì pán jiǎozi　물만두 한 접시

鸽(鴿) gē 집비둘기 합 / 비둘기

예 拿风枪打了一只鸽子
ná fēngqiāng dǎ le yì zhī gēzi
공기총으로 비둘기 한 마리를 쏘다

敛(斂) liǎn 거둘 렴 / 거두다

예 收敛意见　shōuliǎn yìjian　의견을 수렴하다

领(領) lǐng 옷깃 령 / 옷깃, 받다

예 领取赔款　lǐngqǔ péikuǎn　배상금을 수령하다

脸(臉) liǎn 뺨 검 / 얼굴

예 皱脸苦笑　zhòu liǎn kǔ xiào
얼굴을 찡그리며 쓴 웃음을 짓다

猎(獵) liè 사냥할 렵 / 사냥하다

예 猎手带着猎狗打猎
lièshǒu dài zhe liègǒu dǎ liè
사냥꾼이 사냥개를 데리고 사냥하다

猫(猫) māo 고양이 묘 / 고양이

예 老鼠怕猫。Lǎoshǔ pà māo.
쥐는 고양이를 무서워한다.

馄(餛) hún 떡 혼 / 떡

馅(餡) xiàn 소 함 / 떡의 소

旋 선 xuán 돌릴 선 / 돌리다, 돌다

예 飞机在天上盘旋。
　　Fēijī zài tiān shang pánxuán.
　　비행기가 하늘에서 빙글빙글 돌다

馆(館) guǎn 객사 관 / 객사

예 领事馆签发的签证
　　lǐngshìguǎn qiānfā de qiānzhèng
　　영사관에서 발급된 비자

盖(蓋) gài 덮을 개 / 덮다

예 茶壶盖上有个疤。Cháhúgài shang yǒu ge bā.
　　찻주전자 뚜껑에 흠이 있다.

鸾(鸞) luán 난새 난 / 난새

断(斷) duàn 끊을 단 / 끊다

예 打断锁链儿　dǎduàn suǒliànr　쇠사슬을 끊다

麻(蔴) má 삼 마 / 삼

예 我不想给你添麻烦。
　　Wǒ bù xiǎng gěi nǐ tiān máfan.
　　나는 네게 폐를 끼치고 싶지 않다.

兽(獸) shòu 짐승 수 / 짐승

예 禽兽的吼叫声　qínshòu de hǒujiàoshēng
　　짐승이 으르렁거리는 소리

痒(癢) yǎng 가려울 양 / 가렵다

예 蚊子咬了, 很刺痒。
　　Wénzi yǎo le, hěn cìyang.
　　모기가 물어 몹시 가렵다.

渍(漬) zì 담글 지 / 담그다

예 浸渍白菜　jìnzì báicài　배추를 물에 담그다

11획 | 155

鸿(鴻) hóng 큰기러기 홍 / 기러기

淀(澱) diàn 앙금 전 / 앙금

예 沙土沉淀了。 Shātǔ chéndiàn le.
모래가 침전되었다.

渐(漸) jiàn 점점 점 / 점점, 점차

예 逐渐软化 zhújiàn ruǎnhuà 점차 누그러지다

渗(滲) shèn 스밀 삼 / 스미다

예 渗透着作家的心血
shèntòu zhe zuòjiā de xīnxuè
작가의 심혈이 스며있다

渑(澠) shéng 강이름 승 / 강이름
miǎn 고을이름 민 / 고을이름

惭(慚) cán 부끄러워할 참 / 부끄럽다

예 真惭愧! Zhēn cánkuì! 정말 부끄럽다!

渊(淵) yuān 못 연 / 못

예 渊源于中国 yuānyuán yú Zhōngguó
중국에서 유래하다

惧(懼) jù 두려워할 구 / 두려워하다

예 面无惧色 miàn wú jùsè
얼굴에 두려운 기색이 없다

渔(漁) yú 고기잡을 어 / 고기 잡다

예 渔民载着满舱的鱼回来了。
Yúmín zài zhe mǎn cāng de yú huílái le.
어부가 물고기를 배에 가득 싣고 돌아왔다.

惊(驚) jīng 놀랄 경 / 놀라다

예 胆战心惊 dǎn zhàn xīn jīng
놀라서 벌벌 떨다

悼(憚) dàn 꺼릴 탄 / 꺼리다

예) 忌悼 '死' 字 jìdàn 'sǐ' zì
죽을 '사' 자를 꺼리다

谟(謨) mó 꾀할 모 / 꾀하다

예) 谟求经济正常化
móqiú jīngjì zhèngchánghuà
경제 정상화를 모색하다

惨(慘) cǎn 참혹할 참 / 참혹하다

예) 悲惨的结局 bēicǎn de jiéjú 비참한 결말

谍(諜) dié 염탐할 첩 / 염탐하다

예) 他是间谍。 Tā shì jiàndié. 그는 스파이다.

惯(慣) guàn 버릇 관 / 버릇

예) 他濡染了坏习惯。 Tā rúrǎn le huài xíguàn.
그는 나쁜 습관에 물들었다.

谎(謊) huǎng 속일 황 / 속이다

예) 你撒谎了！ Nǐ sāhuǎng le! 너 거짓말했지!

祷(禱) dǎo 빌 도 / 빌다

예) 奉耶稣的名祷告!
Fèng Yēsū de míng dǎogào!
예수님의 이름으로 기도합니다!

谏(諫) jiàn 간할 간 / 간하다

예) 纳谏 nà jiàn 간언을 받아들이다

祸(禍) huò 재화 화 / 재화, 재앙

예) 祸不单行 huò bù dān xíng 재앙이 겹쳐 오다

谐(諧) xié 화할 해 / 화합하다

예) 谐谑 xiéxuè 해학적

谑(謔) xuè 희롱거릴 학 / 희롱거리다

谚(諺) yàn 상말 언 / 상말, 속담

예 古谚 gǔyàn 옛 속담

谒(謁) yè 아뢸 알 / 아뢰다

예 谒见国王 yèjiàn guówáng 왕을 알현하다

谜(謎) mí 수수께끼 미 / 수수께끼

예 猜中谜语 cāi zhòng míyǔ
수수께끼를 알아맞히다

谓(謂) wèi 이를 위 / 이르다

예 这是所谓三段论法。
Zhè shì suǒwèi sānduàn lùnfǎ.
이것이 소위 삼단논법이다.

弹(彈) tán 튀길 탄 / 튀기다
dàn 탄알 탄 / 탄알

예 弹钢琴 tán gāngqín 피아노를 치다
装子弹 zhuāng zǐdàn 총알을 장전하다

谕(諭) yù 깨우칠 유 / 깨우치다

堕(墮) duò 떨어질 타 / 떨어지다

예 金钱使他堕落了。 Jīnqián shǐ tā duòluò le.
돈이 그를 타락시켰다.

谗(讒) chán 참소할 참 / 참소하다

예 向皇帝进献谗言
xiàng huángdì jìnxiàn chányán
황제에게 참소를 올리다

随(隨) suí 따를 수 / 따르다

예 随波浮沉 suí bō fúchén
물결을 따라 부침하다

隐(隱) yǐn 숨길 은 / 숨기다

例 侵害隐私权　qīnhài yǐnsīquán
프라이버시를 침해하다

婶(嬸) shěn 숙모 심 / 숙모

例 叔叔和婶母　shūshu hé shěnmǔ　삼촌과 숙모

颇(頗) pō 자못 파 / 자못, 꽤

例 颇具盛名　pō jù shèngmíng
꽤 이름이 알려지다

颈(頸) jǐng, gěng 목 경 / 목

骑(騎) qí 말탈 기 / 말을 타다

例 骑半旧的自行车　qí bànjiù de zìxíngchē
중고 자전거를 타다

绩(績) jī, jì 실낳을 적 / 실 낳다

例 他学习成绩中常。
Tā xuéxí chéngjì zhōngcháng.
그는 학업 성적이 보통이다.

绪(緒) xù 실마리 서 / 실마리

例 他情绪不稳定。Tā qíngxù bù wěndìng.
그는 정서가 불안하다.

续(續) xù 이을 속 / 잇다

例 继续说下去　jìxù shuō xiàqù
계속해서 말하다

绰(綽) chuò 너그러울 작 / 너그럽다, 넉넉하다

例 绰绰有余　chuò chuò yǒu yú　넉넉하다

绳(繩) shéng 줄 승 / 줄, 끈

例 把绳子拉得很紧　bǎ shéngzi lā de hěn jǐn
줄을 팽팽히 당기다

11획 | 159

维(維) wéi 바 유 / 밧줄, 매다

维	维				

综(綜) zōng 잉아 종 / 잉아, 모으다

综	综				

예 综合课税制　zōnghé kèshuìzhì　종합과세 제도

绵(綿) mián 이어질 면 / 이어지다

绵	绵				

예 秋雨绵绵　qiūyǔ miánmián
　　가을비가 끝없이 내리다

绿(綠) lǜ 초록빛 록 / 초록빛

绿	绿				

예 浅绿色的衣服　qiǎnlǜsè de yīfu
　　연한 초록색 옷

绶(綬) shòu 인끈 수 / 끈

绶	绶				

缀(綴) zhuì 꿰맬 철 / 꿰매다

缀	缀				

예 缀字成文　zhuì zì chéng wén
　　글자를 엮어 문장을 만들다

绷(繃) bēng, běng 묶을 붕 / 묶다

绷	绷				

예 用绷带包扎伤口
　　yòng bēngdài bāozā shāngkǒu
　　붕대로 상처를 싸매다

绸(綢) chóu 얽을 주 / 얽다, 비단

绸	绸				

예 绸裙　chóuqún　비단 치마

한자를 알면 중국어가 보인다

12획

象 xiàng 코끼리 상 / 코끼리

예 大象的鼻子很长。
Dàxiàng de bízi hěn cháng.
코끼리의 코는 길다.

跑 pǎo 허빌 포 / 뛰다, 달리다

예 看你往哪儿跑! Kàn nǐ wǎng nǎr pǎo!
네가 어디로 도망가나 보자!

街 jiē 거리 가 / 거리

예 在街上溜达 zài jiē shang liūda
거리에서 산책하다

量 liáng 헤아릴 량 / 헤아리다, 측정하다
liàng 수량

예 用尺量布 yòng chǐ liáng bù 자로 옷감을 재다
限制数量 xiànzhì shùliàng 수량을 제한하다

富 fù 넉넉할 부 / 부유하다

예 过得挺富裕 guò de tǐng fùyù
꽤 부유하게 지내다

悲 bēi 슬플 비 / 슬프다

예 令人悲恻伤心 lìng rén bēicè shāngxīn
사람을 슬프게 하다

痛 tòng 아플 통 / 아프다

예 关心别人的痛苦 guānxīn biéren de tòngkǔ
남의 아픔에 관심을 갖다

温(溫) wēn 따뜻할 온 / 따뜻하다

예 温柔的一句话 wēnróu de yí jù huà
따뜻한 말 한 마디

童 tóng 아이 동 / 아이

童 童

예 儿童节　értóngjié　어린이날

期 qī 만날 기 / 만나다

期 期

예 延长合同的有效期
yáncháng hétong de yǒuxiàoqī
계약의 유효기간을 연장하다

强 qiáng 굳셀 강 / 굳세다

强 强

예 他比我强多了。Tā bǐ wǒ qiáng duō le.
그는 나보다 훨씬 낫다.

等 děng 가지런할 등 / 등급, 기다리다

等 等

예 谨慎等待时机　jǐnshèn děngdài shíjī
자중하며 기회를 기다리다

硬 yìng 굳을 경 / 굳다, 딱딱하다

硬 硬

예 生硬的态度　shēngyìng de tàidu　딱딱한 태도

稀 xī 드물 희 / 드물다, 묽다

稀 稀

예 他来访是很稀奇的事。
Tā láifǎng shì hěn xīqí de shì.
그의 방문은 매우 드문 일이다.

集 jí 모일 집 / 모이다, 모으다

集 集

예 收集邮票　shōují yóupiào　우표를 수집하다

欺 qī 속일 기 / 속이다

欺 欺

예 欺上蒙下　qī shàng méng xià
윗사람을 기만하고 아랫사람은 속이다

善 shàn 착할 선 / 착하다

善 善

예 他心地很善良。Tā de xīndì hěn shànliáng.
그는 마음씨가 선량하다.

粥 zhōu 죽 죽 / 죽

粥 粥

예 南瓜粥　nánguāzhōu　호박죽

琴 qín 거문고 금 / 거문고

예 拉小提琴 lā xiǎotíqín 바이올린을 켜다

椅 yǐ 의나무 의 / 의자

예 松松软软的皮椅 sōngsōng ruǎnruǎn de píyǐ
푹신푹신한 가죽의자

尊 zūn 높을 존 / 높다, 지위가 높다

예 违背人类尊严 wéibèi rénlèi zūnyán
인류의 존엄을 저버리다

牌 pái 패 패 / 패, 명찰

예 把奖牌挂起来 bǎ jiǎngpái guà qǐlái
상패를 걸다

棋 qí 바둑 기 / 바둑

예 你的围棋级数是多少?
Nǐ de wéiqí jíshù shì duōshǎo?
바둑 급수가 어떻게 됩니까?

棺 guān 널 관 / 관

예 开棺验尸 kāi guān yàn shī
관을 열고 시체를 검사하다

棉 mián 목화 면 / 목화, 면

예 用棉布做的衣服 yòng miánbù zuò de yīfu
면으로 만든 옷

黑 hēi 검을 흑 / 검다

예 烟把墙熏黑了。 Yān bǎ qiáng xūn hēi le.
연기가 벽을 검게 그을렸다.

裙 qún 치마 군 / 치마

예 百褶裙 bǎizhěqún 주름치마

帽 mào 모자 모 / 모자 정

예 正一正帽子 zhēng yi zhēng màozi
모자를 바르게 하다

惰 duò 게으를 타 / 게으르다

예) 游惰习气 yóuduò xíqì 나태한 습성

敬(敬) jìng 공경할 경 / 공경하다

예) 尊敬老师 zūnjìng lǎoshī 선생님을 공경하다

葡(葡) pú 포도 포 / 포도

예) 葡萄酒 pútaojiǔ 포도주

景 jǐng 볕 경 / 햇볕, 경치

예) 那儿的风景值得一看。
Nàr de fēngjǐng zhíde yí kàn.
그곳 경치는 한 번 볼만하다.

喝 hē 꾸짖을 갈 / 마시다

예) 喝烧酒赶寒气 hē shāojiǔ gǎn hánqì
소주를 마셔 추위를 쫓다

腕 wàn 팔 완 / 팔, 손목

예) 手腕子很疼。Shǒuwànzi hěn téng.
손목이 아프다.

渴 kě 목마를 갈 / 목이 마르다

예) 解渴 jiě kě
消渴 xiāo kě 갈증을 풀다

煮(煮) zhǔ 삶을 자 / 삶다

예) 煮饭 zhǔ fàn 밥을 짓다

道(道) dào 길 도 / 길, 이치, 말씀

예) 不知道 bùzhīdào 모르다
很有道理! Hěn yǒu dàolǐ! 매우 일리가 있다!

媚 mèi 아첨할 미 / 아첨하다

예) 献媚取宠 xiàn mèi qǔ chǒng
아첨하여 총애를 얻다

遇(遇) yù 만날 우 / 만나다

|遇|遇| | | | |

예 遇到逆风 yù dào nìfēng 역풍을 만나다

朝 zhāo 아침 조 / 아침
cháo 향하다

|朝|朝| | | | |

예 朝发夕至 zhāo fā xī zhì
아침에 출발해서 저녁에 도착하다
朝球门踢球 cháo qiúmén tī qiú
골대를 향해 공을 차다

落(落) luò 떨어질 낙 / 떨어지다

|落|落| | | | |

예 从树上落下来 cóng shù shang luò xiàlái
나무 위에서 떨어지다

寒 hán 찰 한 / 차다

|寒|寒| | | | |

예 天寒地冻 tiān hán dì dòng
하늘은 차고 땅은 얼다

猫 māo 고양이 묘 / 고양이

|猫|猫| | | | |

예 野猫的尾巴 yěmāo de wěiba
도둑고양이의 꼬리

湖 hú 호수 호 / 호수

|湖|湖| | | | |

예 天鹅湖 tiān'éhú 백조의 호수

猴 hóu 원숭이 후 / 원숭이

|猴|猴| | | | |

예 长尾猴 chángwěihóu 긴꼬리원숭이

普 pǔ 널리 보 / 널리

|普|普| | | | |

예 普遍和特殊 pǔbiàn hé tèshū 보편과 특수

游(遊) yóu 놀 유 / 놀다, 유람하다

|游|游| | | | |

예 去游乐场玩儿 qù yóulèchǎng wánr
놀이터에 가서 놀다

替 tì 쇠퇴할 체 / 쇠퇴하다, 바꾸다

|替|替| | | | |

예 你替我去吧! Nǐ tì wǒ qù ba!
네가 내 대신 가거라!

12획

暑(暑) shǔ 더울 서 / 덥다

暑 | 暑 | | | |

例 今年暑假 jīnnián shǔjià 금년 여름방학

搁(擱) gē 놓을 각 / 놓다

搁 | 搁 | | | |

例 这个搁在那儿! Zhège gē zài nàr! 이건 저기에 놓아라!

琼(瓊) qióng 옥 경 / 옥

琼 | 琼 | | | |

搂(摟) lōu 끌어모을 루 / 착취하다

搂 | 搂 | | | |

例 搂钱 lōu qián 돈을 착복하다

趋(趨) qū 달릴 추 / 달리다

趋 | 趋 | | | |

例 呈现上升趋势 chéngxiàn shàngshēng qūshì 상승 추세를 보이다

搅(攪) jiǎo 어지러울 교 / 어지럽다

搅 | 搅 | | | |

例 打搅您了! Dǎjiǎo nín le! 실례했습니다!

葱(蔥) cōng 차 총 / 파

葱 | 葱 | | | |

例 把大葱嚓嚓地切 bǎ dàcōng cācā de qiē 파를 숭숭 썰다

联(聯) lián 잇달 연 / 잇달다

联 | 联 | | | |

例 联合举办 liánhé jǔbàn 연합하여 개최하다

蛰(蟄) zhé 숨을 칩 / 숨다

蛰 | 蛰 | | | |

例 蛰居生活 zhéjū shēnghuó 칩거 생활

蒋(蔣) jiǎng 줄 장 / 줄

蒋 | 蒋 | | | |

例 蒋介石 Jiǎng Jièshí 장개석

韩(韓) hán 나라이름 한 / 나라 이름

예) 住在韩国 zhù zài Hánguó 한국에서 살다

确(確) què 굳을 확 / 확실하다

예) 那个谣言没有确实的依据。
Nàge yáoyán méiyǒu quèshí de yījù.
그 소문은 확실한 근거가 없다.

殚(殫) dān 다할 탄 / 다하다

颊(頰) jiá 뺨 협 / 뺨

예) 两颊绯红 liǎng jiá fēihóng
두 뺨이 발그레하다

翘(翹) qiáo, qiāo 꼬리긴깃털 교 / 꼬리가 긴 깃털, 치켜들다

예) 翘起大拇指 qiáo qǐ dàmuzhǐ
엄지를 치켜세우다

辈(輩) bèi 무리 배 / 무리, 동료

예) 给后辈开辟道路 gěi hòubèi kāipì dàolù
후배에게 길을 열어주다

暂(暫) zàn 잠시 잠 / 잠시

예) 这个暂且存在我这儿吧!
Zhège zànqiě cún zài wǒ zhèr ba!
이건 잠시 나한테 맡겨놓아라!

辍(輟) chuò 그칠 철 / 그치다

凿(鑿) záo 뚫을 착 / 뚫다, 캐다

예) 凿一个窟窿 záo yí ge kūlong
구멍 하나를 뚫다

辉(輝) huī 빛날 휘 / 빛나다

예) 发挥爆发力 fāhuī bàofālì 순발력을 발휘하다

赏(賞) shǎng 상줄 상 / 상, 상을 주다

赏 赏

例 焦心于领赏 jiāoxīn yú lǐng shǎng
상을 받는 데 안달하다

遗(遺) yí, wèi 끼칠 유 / 끼치다

遗 遗

例 他的遗产都属于她了。
Tā de yíchǎn dōu shǔ yú tā le.
그의 유산은 그녀에게 다 넘어갔다.

睑(瞼) jiǎn 눈꺼풀 검 / 눈꺼풀

睑 睑

例 眼睑下垂 yǎnjiǎn xià chuí
눈꺼풀이 아래로 처지다.

鹃(鵑) juān 두견이 견 / 두견새

鹃 鹃

喷(噴) pēn, pèn 뿜을 분 / 뿜다

喷 喷

例 打喷嚏 dǎ pēntì 재채기하다

喽(嘍) lóu, lou 시끄러울 루 / 시끄럽다

喽 喽

畴(疇) chóu 밭두둑 주 / 밭두둑

畴 畴

嵘(嶸) róng 가파를 영 / 가파르다

嵘 嵘

践(踐) jiàn 밟을 천 / 밟다, 실천하다

践 践

例 通过实践取得经验
tōngguò shíjiàn qǔdé jīngyàn
실천을 통해 경험을 얻다

赋(賦) fù 구실 부 / 구실, 조세

赋 赋

例 赋与新的使命 fùyǔ xīn de shǐmìng
새로운 사명을 부여하다

赌(賭) dǔ 걸 도 / 걸다, 내기하다

예 赌博输钱 dǔbó shū qián 도박으로 돈을 잃다

赎(贖) shú 속바칠 속 / 재물을 바치고 면죄 받다

예 立功赎罪 lì gōng shúzuì 공을 세워 속죄하다

赐(賜) cì 줄 사 / 주다, 하사하다

예 赐黄金 cì huángjīn 황금을 하사하다

赔(賠) péi 물어줄 배 / 배상하다

예 要求对方赔偿损失
yāoqiú duìfāng péicháng sǔnshī
상대방에게 손실 배상을 요구하다

铸(鑄) zhù 쇠부어만들 주 / 쇠를 부어 만들다

예 铸工 zhùgōng 주물 작업

链(連) liàn 쇠사슬 련 / 쇠사슬

예 抢去项链 qiǎng qù xiàngliàn
목걸이를 낚아채다

铺(鋪) pū, pù 가게 포 / 가게, 펴다

예 铺地毯 pū dìtǎn 카펫을 깔다
那个铺子倒了。Nàge pùzi dǎo le.
그 점포는 망했다.

锁(鎖) suǒ 쇠사슬 쇄 / 쇠사슬

예 披枷带锁 pī jiā dài suǒ
목에 칼을 씌우고 쇠사슬로 묶다

锄(鋤) chú 호미 서 / 호미

예 举锄扒开泥土 jǔ chú bā kāi nítǔ
호미를 들고 흙을 캐다

锅(鍋) guō 노구솥 과 / 솥

예 火锅 huǒguō 샤브샤브

锈(銹) xiù 녹슬 수 / 녹슬다

锈 | 锈 | | | |

예) 门上的锁锈住了。
Mén shang de suǒ xiù zhù le.
문의 자물통이 녹슬었다.

锋(鋒) fēng 칼끝 봉 / 칼끝

锋 | 锋 | | | |

예) 锋利的剪刀 fēnglì de jiǎndāo 날카로운 가위

锐(銳) ruì 날카로울 예 / 날카롭다

锐 | 锐 | | | |

예) 敏锐地注视 mǐnruì de zhùshì
예리하게 주시하다

犊(犢) dú 송아지 독 / 송아지

犊 | 犊 | | | |

예) 初生牛犊不畏虎。
Chūshēng niúdú bú wèi hǔ.
하룻강아지 범 무서운 줄 모른다.

鹅(鵝) é 거위 아 / 거위

鹅 | 鹅 | | | |

예) 鹅行鸭步 éxíng yābù 거위걸음

筑(築) zhù 쌓을 축 / 쌓다

筑 | 筑 | | | |

예) 改造建筑结构 gǎizào jiànzhù jiégòu
건축구조를 개조하다

储(儲) chǔ 쌓을 저 / 쌓다, 모으다

储 | 储 | | | |

예) 储蓄存款 chǔxù cúnkuǎn 저축예금

惩(懲) chéng 혼날 징 / 혼나다

惩 | 惩 | | | |

예) 惩罚背叛行为 chéngfá bèipàn xíngwéi
배반 행위를 징벌하다

释(釋) shì 풀 석 / 풀다

释 | 释 | | | |

예) 解释外语 jiěshì wàiyǔ 외국어를 해석하다

腊(臘) là 납향 랍 / 납향, 섣달

腊 | 腊 | | | |

鱿(魷) yóu 오징어 우 / 오징어

예) 炒鱿鱼　chǎo yóuyú　해고하다

馋(饞) chán 탐할 참 / 탐하다

예) 你这个人太馋!　Nǐ zhège rén tài chán!
이 양반 참 식탐이 많네!

鲁(魯) lǔ 노둔할 로 / 노둔하다, 성씨

예) 鲁迅　Lǔ Xùn　노신

亵(褻) xiè 더러울 설 / 더럽다

颍(潁) yǐng 강이름 영 / 강 이름

装(裝) zhuāng 꾸밀 장 / 꾸미다

예) 不要装蒜!　Búyào zhuāngsuàn!
시치미 떼지 마라!

觞(觴) shāng 잔 상 / 잔

蛮(蠻) mán 오랑캐 만 / 오랑캐, 꽤

예) 蛮好!　Mán hǎo!　꽤 좋은데!
真野蛮!　Zhēn yěmán!　진짜 야만적이다!

馈(饋) kuì 먹일 궤 / 먹이다

痫(癇) xián 간질 간 / 간질

예) 痫症　xiánzhèng　간질병

阔(闊) kuò 트일 활 / 트이다, 넓다

예 爽朗开阔的性格
shuǎnglǎng kāikuò de xìnggé
명랑하고 활달한 성격

喾(嚳) kù 제왕이름 곡 / 제왕 이름

阕(闋) què 문닫을 결 / 문을 닫다

愤(憤) fèn 결낼 분 / 성을 내다

예 抑制愤怒 yìzhì fènnù 분노를 억제하다

粪(糞) fèn 똥 분 / 똥

예 撒粪 sā fèn 똥을 누다

滞(滯) zhì 막힐 체 / 막히다

예 滞食 zhìshí 음식을 체하다

窜(竄) cuàn 숨을 찬 / 숨다, 도망가다

예 畏罪匿窜 wèi zuì nìcuàn
죄가 무서워 몰래 도망가 숨다

湿(濕) shī 축축할 습 / 축축하다

예 又潮湿又昏暗 yòu cháoshī yòu hūn'àn
축축하고도 어둡다

窝(窩) wō 움집 와 / 움집

예 住窝棚 zhù wōpeng 가건물에 살다

溃(潰) kuì 무너질 궤 / 무너지다

예 许多建筑物崩溃了。
Xǔduō jiànzhùwù bēngkuì le.
많은 건물들이 붕괴되었다.

溅(濺) jiàn 흩뿌릴 천 / 흩뿌리다

谤(謗) bàng 헐뜯을 방 / 헐뜯다

예 我不想谤毁你! Wǒ bù xiǎng bànghuǐ nǐ!
나는 너를 비방할 생각 없어!

湾(灣) wān 물굽이 만 / 물굽다

예 国立台湾师范大学
Guólì Táiwān Shīfàn Dàxué 국립대만사범대학

谥(謚) shì 시호 시 / 시호

雇(僱) gù 품살 고 / 품 살다

예 排队等候受雇 páiduì děnghòu shòugù
줄을 서서 고용되기를 기다리다

谦(謙) qiān 겸손할 겸 / 겸손하다

예 谦卑退让 qiānbēi tuìràng 겸손하게 사양하다

谢(謝) xiè 사례할 사 / 사례하다

예 谢谢你! Xièxie nǐ! 고맙다!

谧(謐) mì 고요할 밀 / 고요하다

谣(謠) yáo 노래 요 / 노래하다

예 编了一个童谣 biān le yí ge tóngyáo
동요 한 곡을 짓다

属(屬) shǔ 무리 속 / 무리, 속하다
zhǔ 이을 촉 / 잇다

예 属于上线 shǔ yú shàngxiàn 상위권에 속하다

屡(屢) lǚ 여러 루 / 여럿

예 屡屡发生　lǚlǚ fāshēng　누누이 발생하다

缎(緞) duàn 비단 단 / 비단

예 绸缎店　chóuduàndiàn　비단 가게

骗(騙) piàn 속일 편 / 속이다

예 你骗我!　Nǐ piàn wǒ!　너 나를 속였어!

缊(緼) yùn 어지러울 온 / 어지럽다

骚(騷) sāo 떠들 소 / 떠들다

예 引起骚乱　yǐnqǐ sāoluàn　소요를 일으키다

缓(緩) huǎn 느릴 완 / 느리다

예 区别轻重缓急　qūbié qīngzhòng huǎnjí
경중 완급을 구별하다

缄(緘) jiān 봉할 함 / 봉하다

예 粘上糨子把信缄上
zhān shang jiàngzi bǎ xìn jiān shang
풀을 발라 편지를 봉하다

缔(締) dì 맺을 체 / 맺다

예 缔结贸易协定　dìjié màoyì xiédìng
무역 협정을 체결하다

缅(緬) miǎn 가는실 면 / 가는 실

缕(縷) lǚ 실 루 / 실

编(編) biān 엮을 편 / 엮다

예 编者删除淫荡的内容。
Biānzhě shānchú yíndàng de nèiróng.
편집인이 음탕한 내용을 제거하였다.

缘(緣) yuán 연줄 연 / 연줄

예 前世的缘分　qiánshì de yuánfèn　전생의 인연

飨(饗) xiǎng 잔치할 향 / 잔치하다

예 飨宴　xiǎngyàn　향연, 잔치 베풀다

한자를 알면
중국어가 보인다

한자를 알면 중국어가 보인다

13획

新 xīn 새 신 / 새롭다

| 新 | 新 | | | |

예) 新的一年开始了! Xīn de yì nián kāishǐ le!
새해가 시작되었다!

想 xiǎng 생각할 상 / 생각하다

| 想 | 想 | | | |

예) 我很想你呀! Wǒ hěn xiǎng nǐ ya!
네가 보고 싶구나!

路 lù 길 로 / 길

| 路 | 路 | | | |

예) 我走我的路! Wǒ zǒu wǒ de lù!
나는 내 길을 간다!

嗓 sǎng 목구멍 상 / 목구멍

| 嗓 | 嗓 | | | |

예) 嗓子干裂 sǎngzi gānliè 목이 쉬다

感 gǎn 느낄 감 / 느끼다

| 感 | 感 | | | |

예) 对中国很感兴趣
duì Zhōngguó hěn gǎn xìngqù
중국에 대해 매우 흥미를 느끼다

腹 fù 배 복 / 배

| 腹 | 腹 | | | |

예) 腹部肥胖 fùbù féipàng 복부 비만

意 yì 뜻 의 / 뜻, 의미

| 意 | 意 | | | |

예) 你这是什么意思? Nǐ zhè shì shénme yìsi?
너 이건 무슨 뜻이지?

腰 yāo 허리 요 / 허리

| 腰 | 腰 | | | |

예) 弯着腰插秧 wān zhe yāo chāyāng
허리를 구부리고 모를 심다

13획 | 177

跳 tiào 뛸 도 / 뛰다

例 心咚咚地激跳起来　xīn dōngdōng de jītiào qǐlái
　　가슴이 쿵쿵거리며 두근거리다

廉 lián 청렴할 렴 / 청렴하다

例 清廉的政治　qīnglián de zhèngzhì
　　청렴한 정치

睡 shuì 잘 수 / 자다

例 你去睡觉!　Nǐ qù shuìjiào!　가서 자라!

嫁 jià 시집갈 가 / 시집가다

例 你嫁给我吧!　Nǐ jià gěi wǒ ba!
　　나한테 시집와라!

筷 kuài 젓가락 쾌 / 젓가락

例 碟子和一双筷子　diézi hé yì shuāng kuàizi
　　접시와 젓가락 한 쌍

煎 jiān 달일 전 / (약을) 다리다

例 煎药　jiān yào　약을 다리다

碗 wǎn 주발 완 / 그릇

例 洗碗　xǐ wǎn　설거지하다

碑 bēi 돌기둥 비 / 비, 비석

例 石碑的记载　shíbēi de jìzǎi　비석의 기록

煤 méi 그을음 매 / 그을음, 석탄, 연탄

例 吸进煤气　xī jìn méiqì　연탄가스를 마시다

蜂 fēng 벌 봉 / 벌

例 捅蜂窝被蜂蜇了。
　　Tǒng fēngwō bèi fēng zhē le.
　　벌집을 쑤셔 벌에게 쏘였다.

照 zhào 비출 조 / 비추다

| 照 | 照 | | | | |

예 照镜子 zhào jìngzi 거울을 보다

稠 chóu 빽빽할 조 / 걸쭉하다

| 稠 | 稠 | | | | |

예 稠糨子 chóu jiàngzi 걸쭉한 풀

愚 yú 우매할 우 / 우매하다

| 愚 | 愚 | | | | |

예 愚昧无知 yúmèi wúzhī 무지몽매하다

寞(寞) mò 적막할 막 / 적막하다, 외롭다

| 寞 | 寞 | | | | |

예 寂寞得要命 jìmò dé yàomìng
적막해 죽을 지경이다

勤 qín 부지런할 근 / 근면하다

| 勤 | 勤 | | | | |

예 勤奋地努力 qínfèn de nǔlì
부지런히 노력하다

楚 chǔ 가시나무 초 / 가시나무, 나라 이름

| 楚 | 楚 | | | | |

예 楚国 Chǔguó 초나라

塑 sù 토우 소 / 흙을 빚어 만들다

| 塑 | 塑 | | | | |

예 塑金身 sù jīnshēn 금불상을 빚다

嫂 sǎo 형수 수 / 형수

| 嫂 | 嫂 | | | | |

예 嫂子跟小叔子 sǎozi gēn xiǎoshūzi
형수와 시동생

鼠 shǔ 쥐 서 / 쥐

| 鼠 | 鼠 | | | | |

예 老鼠把抽屉啃坏了。
Lǎoshǔ bǎ chōuti kěn huài le.
쥐가 서랍을 갉아 망가뜨렸다.

椿 chūn 참죽나무 춘 / 참죽나무

| 椿 | 椿 | | | | |

13획 | 179

蒜(蒜) suàn 마늘 산 / 마늘

| 蒜 | 蒜 | | | |

예) 捣大蒜 dǎo dàsuàn 마늘을 찧다

鹉(鵡) wǔ 앵무새 무 / 앵무새

| 鹉 | 鹉 | | | |

예) 调教鹦鹉 tiáojiào yīngwǔ 앵무새를 길들이다

摄(攝) shè 당길 섭 / 당기다

| 摄 | 摄 | | | |

예) 摄徒成党 shè tú chéng dǎng 도당을 만들다

摆(擺) bǎi 열릴 파 / 열다, 열리다, 드러내다, 흔들다

| 摆 | 摆 | | | |

예) 摆矛盾 bǎi máodùn 모순을 드러내다

摊(攤) tān 펼 탄 / 펴다

| 摊 | 摊 | | | |

예) 摆报摊子 bǎi bào tānzi
신문 가판대를 늘어놓다

鹊(鵲) què 까치 작 / 까치

| 鹊 | 鹊 | | | |

예) 喜鹊搭窝 xǐque dā wō 까치가 둥지를 치다

腿(腿) tuǐ 넓적다리 퇴 / 넓적다리

| 腿 | 腿 | | | |

예) 胳臂拧不过大腿。Gēbei nǐng bu guò dàtuǐ.
팔은 허벅지를 이길 수 없다.

蒙(懞) méng, mēng 어두울 몽 / 어둡다

| 蒙 | 蒙 | | | |

예) 蒙上一张纸 méng shàng yì zhāng zhǐ
종이 한 장을 덮다

颐(頤) yí 턱 이 / 턱

| 颐 | 颐 | | | |

献(獻) xiàn 바칠 헌 / 바치다

| 献 | 献 | | | |

예) 为韩中友好作出贡献
wèi HánZhōng yǒuhǎo zuò chū gòngxiàn
한중 우호 관계에 기여하다

榄(欖) lǎn 감람나무 람 / 감람나무

예 橄榄树 gǎnlǎnshù 감람나무

输(輸) shū 나를 수 / 나르다

예 输入地址 shūrù dìzhǐ 주소를 입력하다

榈(櫚) lú 종려나무 려 / 종려나무

鹌(鵪) ān 메추리 암 / 메추리

楼(樓) lóu 다락 루 / 다락

예 这楼梯不很坡。Zhè lóutī bù hěn pō.
이 계단은 가파르지 않다.

尴(尷) gān 껄끄러울 감 / 껄끄럽다

예 有点尴尬 yǒudiǎn gāngà 좀 어색하다

赖(賴) lài 힘입을 뢰 / 힘입다

예 给人们信赖感 gě rénmen xìnlàigǎn
사람들에게 신뢰감을 주다

雾(霧) wù 안개 무 / 안개

예 晨雾弥漫 chénwù mímàn
새벽안개가 자욱하다

碍(礙) ài 거리낄 애 / 거리끼다

예 发生障碍 fāshēng zhàng'ài 장애가 발생하다

辑(輯) jí 모일 집 / 모이다, 모으다

예 逻辑上有问题 luójí shàng yǒu wèntí
논리적으로 문제가 있다

频(頻) pín 자주 빈 / 자주

频	频			

例 看视频 kàn shìpín 동영상을 보다

嗳(嗳) ài, ǎi 숨 애 / 숨, 어머나!

嗳	嗳			

例 嗳, 你也真是的! Ài, nǐ yě zhēnshi de!
아이, 너도 정말!

龃(齟) jǔ 어긋날 저 / 어긋나다

龃	龃			

错(錯) cuò 섞일 착 / 섞이다, 잘못되다

错	错			

例 发生了一些错误。 Fāshēng le yìxiē cuòwù.
약간의 착오가 생겼다.

龄(齡) líng 나이 령 / 나이

龄	龄			

例 年龄相仿 niánlíng xiāng fǎng
나이가 서로 비슷하다

锚(錨) máo 닻 묘 / 닻

锚	锚			

例 下锚 xià máo 닻을 내리다

鉴(鑑) jiàn 거울 감 / 거울, 보다

鉴	鉴			

例 波平如鉴 bō píng rú jiàn
물결이 거울처럼 잔잔하다

锡(錫) xī 주석 석 / 주석

锡	锡			

跷(蹺) qiāo 발돋움할 교 / 발돋움하다

跷	跷			

例 跷起脚看 qiāo qǐ jiǎo kàn 발돋움하여 보다

锤(錘) chuí 저울추 추 / 저울추, 망치

锤	锤			

例 铁锤子砸铁砧。 Tiěchuízi zá tiězhēn.
망치로 모루를 치다.(강자끼리 만나다)

锥(錐) zhuī 송곳 추 / 송곳

锥 | 锥 | | | |

예 扎一锥子不冒血来。 Zhā yì zhuīzi bú mào xiě lái.
송곳으로 찔러도 피 한 방울 안 나온다.

锣(鑼) luó 징 라 / 징

锣 | 锣 | | | |

예 敲锣打鼓 qiāo luó dǎ gǔ
징을 치고 북을 두드리다

锦(錦) jǐn 비단 금 / 비단

锦 | 锦 | | | |

예 锦上添花 jǐn shàng tiān huā 금상첨화

键(鍵) jiàn 열쇠 건 / 열쇠

键 | 键 | | | |

예 民族复兴的关键 mínzú fùxīng de guānjiàn
민족 부흥의 관건
按键盘的键 àn jiànpán de jiàn
건반의 키를 누르다

锯(鋸) jù 톱 거 / 톱, 톱질하다

锯 | 锯 | | | |

예 用锯子锯 yòng jùzi jù 톱으로 켜다

辞(辭) cí 말 사 / 말, 말하다, 사임하다

辞 | 辞 | | | |

예 我需要一本辞典。Wǒ xūyào yì běn cídiǎn.
나는 사전 한 권이 필요하다.
要求辞职 yāoqiú cízhí 사임을 요구하다

颓(頹) tuí 무너질 퇴 / 무너지다

颓 | 颓 | | | |

예 精神衰颓了。Jīngshén shuāituí le.
정신이 퇴폐했다.

筹(籌) chóu 투호살 주 / 투호살

筹 | 筹 | | | |

签(簽, 籤) qiān 농 첨 / 쪽지, 서명하다, 제비

签 | 签 | | | |

예 签字盖章 qiān zì gài zhāng 서명 날인하다
抽签决定 chōuqiān juédìng
추첨하여 결정하다

简(簡) jiǎn 대쪽 간 / 대쪽

简 | 简 | | | |

예 简单明了 jiǎndān míngliǎo 간단명료하다

颔(頷) hàn 턱 함 / 턱

鲍(鮑) bào 절인어물 포 / 절인 어물

腻(膩) nì 기름질 니 / 기름지다

예 这种菜有点儿腻人。
Zhè zhǒng cài yǒudiǎnr nì rén.
이런 음식은 좀 느끼하다.

颖(穎) yǐng 이삭 영 / 이삭

鹏(鵬) péng 대붕새 붕 / 대붕새

触(觸) chù 닿을 촉 / 닿다

예 你应该多跟他们接触。
Nǐ yīnggāi duō gēn tāmen jiēchù.
너는 그들과 많이 접촉해야 한다.

腾(騰) téng 오를 등 / 오르다

예 图腾 túténg 토템

雏(雛) chú 병아리 추 / 병아리

예 孵小雏儿 fū xiǎochúr 병아리를 부화하다

稣(穌) sū 긁어모을 소 / 긁어모으다

酱(醬) jiàng 젓갈 장 / 젓갈

예 辣椒酱 làjiāojiàng 고추장
炸酱面 zhájiàngmiàn 짜장면

痴(癡) chī 어리석을 치 / 어리석다

예 白痴 báichī 백치

韵(韻) yùn 운 운 / 음운

예 按照音韵法则 ànzhào yīnyùn fǎzé
음운 법칙에 따라

阖(闔) hé 문짝 합 / 문짝

예 阖扇裂开了。Ménshàn lièkāi le.
문짝이 벌어졌다.

阙(闕) què 대궐 궐 / 대궐

예 宫阙 gōngquè 궁궐

粮(糧) liáng 양식 양 / 양식, 식량

예 储粮备荒 chǔ liáng bèi huāng
식량을 저장하여 흉년에 대비하다

数(數) shù 숫자 수 / 숫자
shǔ 셀 수 / 세다

예 数学 shùxué 수학
数一数 shǔ yi shǔ 세어 보다

满(滿) mǎn 찰 만 / 차다

예 充满虚伪的态度 chōngmǎn xūwěi de tàidu
허위로 가득 찬 태도

滤(濾) lǜ 거를 려 / 거르다

예 过滤去掉杂质 guòlǜ qù diào zázhì
여과하여 불순물을 없애다

滥(濫) làn 퍼질 람 / 퍼지다

예 洪水泛滥 hóngshuǐ fànlàn 홍수가 범람하다

漓 lí 퍼질 리 / 퍼지다

13획 | 185

滨(濱) bīn 물가 빈 / 물가

例 海滨上晾着鱼网。
Hǎibīn shang liàng zhe yúwǎng.
해변에 그물이 널려 있다.

滩(灘) tān 여울 탄 / 여울, 물가

例 铺着白沙的海滩 pū zhe báishā de hǎitān
하얀 모래가 깔려 있는 바닷가

慑(懾) shè 두려워할 섭 / 두려워하다

誉(譽) yù 기릴 예 / 기리다, 칭찬하다

例 残毁人家的名誉 cánhuǐ rénjiā de míngyù
남의 명예를 훼손하다

蹇(蹇) qiān 이지러질 건 / 절다

寝(寢) qǐn 잠잘 침 / 잠자다, 눕다

例 废寝忘食 fèi qǐn wàng shí
침식을 잊다(어떤 일에 몰두하다)

窥(窺) kuī 엿볼 규 / 엿보다

例 未窥全豹 wèi kuī quán bào
전모를 보지 못하다

窦(竇) dòu 구멍 두 / 구멍

谨(謹) jǐn 삼갈 근 / 삼가다

例 谨致谢意! Jǐn zhì xièyì! 삼가 감사드립니다!

谪(謫) zhé 귀양갈 적 / 귀양가다

例 在永州谪居10年
zài Yǒngzhōu zhéjū shí nián
영주에서 10년을 귀양살이 하다

谬(謬) miù 그릇될 류 / 그릇되다

例 荒谬的主张 huāngmiù de zhǔzhāng
엉터리 주장

辟(闢) pì 열 벽 / 열다

例 开天辟地 kāi tiān pì dì 천지개벽

缚(縛) fù 묶을 박 / 묶다

例 手无缚鸡之力。 Shǒu wú fù jī zhī lì.
손으로 닭을 묶을 힘도 없다(매우 허약하다)

缝(縫) féng 꿰맬 봉 / 꿰매다

例 伤口缝了几针。 Shāngkǒu féng le jǐ zhēn.
상처에 몇 바늘 꿰매었다.

缠(纏) chán 얽힐 전 / 얽히다, 묶다

例 你为什么缠着我?
Nǐ wèishénme chán zhe wǒ?
너 왜 나한테 치근덕거리는 거지?

缢(縊) yì 목맬 액 / 목을 매다

缤(繽) bīn 어지러울 빈 / 어지럽다

한자를 알면
중국어가 보인다

한자를 알면 중국어가 보인다

14획

鼻 bí 코 비 / 코

예) 鼻子里直淌鼻涕。 Bízi li zhí tǎng bítì.
코에서 콧물이 계속 줄줄 흐른다.

凳 dèng 걸상 등 / 걸상

예) 圆凳 yuándèng 둥근 걸상

膀 bǎng 쌍배 방 / 어깨

예) 肩膀一耸一耸地抽动
jiānbǎng yìsǒng yìsǒng de chōudòng
어깨를 들썩들썩 거리다

槐 huái 홰나무 괴 / 홰나무

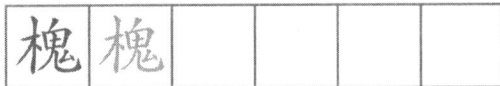

예) 指桑骂槐 zhǐ sāng mà huái
뽕나무를 가리켜 홰나무를 욕하다

辣 là 매울 랄 / 맵다

예) 韩国菜比较辣。 Hánguócài bǐjiào là.
한국음식은 비교적 맵다.

福 fú 복 복 / 복

예) 你别过福啦! Nǐ bié guòfú lā!
복에 겨운 소리 마라!

酸 suān 초 산 / 시다, 시리다

예) 四肢酸痛 sìzhī suāntòng 사지가 시리다

寡 guǎ 적을 과 / 적다

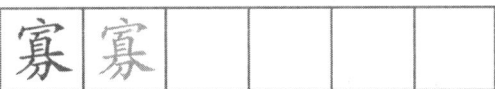

예) 寡妇的悲伤，光棍儿知道。
Guǎfù de bēishāng, guānggùnr zhīdao.
과부 설움은 홀아비가 안다.

魂 hún 넋 혼 / 넋, 혼

예 像丢了魂似的 xiàng diū le hún shìde
마치 혼이 나간 것 같다.

境 jìng 지경 경 / 지경, 장소

예 陷入进退两难的境地 xiànrù jìn tuì liǎng nán de jìngdì
진퇴양난의 지경에 빠지다

聚 jù 모일 취 / 모이다

예 聚在一起讨论 jù zài yìqǐ tǎolùn
함께 모여 토론하다

需 xū 구할 수 / 구하다

예 限制需求 xiànzhì xūqiú 수요를 제한하다

舞 wǔ 춤출 무 / 춤, 춤추다

예 跳舞 tiào wǔ 춤을 추다

暮(暮) mù 저물 모 / 저물다

예 日暮途穷 rì mù tú qióng
날은 저물고 길은 막다르다

演 yǎn 멀리흐를 연 / 멀리 흐르다, 통하다, 연기하다

예 配角演员的演技 pèijué yǎnyuán de yǎnjì
상대역 배우의 연기

蔬(蔬) shū 푸성귀 소 / 채소

예 多吃蔬菜 duō chī shūcài 채소를 많이 먹다

熊 xióng 곰 웅 / 곰

예 熊掌 xióngzhǎng 곰 발바닥

韬(韜) tāo 감출 도 / 감추다

墙(墻) qiáng 담 장 / 담, 벽

例 撞墙 zhuàng qiáng 벽에 부딪치다

酿(釀) niàng 빚을 양 / 술을 빚다

例 酿米酒 niàng mǐjiǔ 막걸리를 빚다

蔑(衊) miè 모독할 멸 / 모독하다

例 蔑视贫穷 mièshì pínqióng 가난함을 멸시하다

霁(霽) jì 갤 제 / 개다

蔼(藹) ǎi 우거질 애 / 우거지다

愿(願) yuàn 원할 원 / 원하다

例 你愿意去吗? Nǐ yuànyi qù ma?
너 가길 원하니?

槛(檻) jiàn 우리 함 / 우리, 감옥

辕(轅) yuán 끌채 원 / 수레의 끌채

槟(檳) bīn, bīng 빈랑나무 빈 / 빈랑

例 槟榔 bīnglang 빈랑

辖(轄) xiá 비녀장 할 / 비녀장

辗(輾) zhǎn 구를 전 / 구르다

| 辗 | 辗 | | | | |

蜡(蠟) là 밀랍 / 밀, 양초

| 蜡 | 蜡 | | | | |

예) 蜡烛芯子 làzhú xìnzi 양초 심지

龈(齦) yín 잇몸 은 / 잇몸

| 龈 | 龈 | | | | |

예) 牙龈 yáyín 잇몸

蝇(蠅) yíng 파리 승 / 파리

| 蝇 | 蝇 | | | | |

예) 蝇子嗡嗡地乱飞。
Yíngzi wēngwēng de luàn fēi.
파리가 윙윙거리며 마구 날다.

颗(顆) kē 낱알 과 / 낱알

| 颗 | 颗 | | | | |

예) 一颗药 yì kē yào 약 한 알

蝉(蟬) chán 매미 선 / 매미

| 蝉 | 蝉 | | | | |

예) 寒蝉 hánchán 가을매미

踌(躊) chóu 머뭇거릴 주 / 머뭇거리다

| 踌 | 踌 | | | | |

예) 踌躇半天 chóuchú bàntiān 한참을 주저하다

赙(賻) fù 부의 부 / 부의

| 赙 | 赙 | | | | |

예) 赙金 fùjīn 부조금

踊(踴) yǒng 뛸 용 / 뛰다

| 踊 | 踊 | | | | |

예) 踊跃 yǒngyuè 뛰어오르다

赚(賺) zhuàn 속일 잠 / 돈을 벌다

| 赚 | 赚 | | | | |

예) 他赚了很多钱。Tā zhuàn le hěn duō qián.
그는 많은 돈을 벌었다.

锻(鍛) duàn 쇠불릴 단 / 단련하다

예 挤空儿锻炼身体 jǐ kòngr duànliàn shēntǐ
짬을 내어 체력 단련하다

镀(鍍) dù 도금할 도 / 도금하다

예 铜胎镀金 tóngtāi dùjīn 구리에 도금하다

稳(穩) wěn 평온할 온 / 평온하다

예 找回平稳 zhǎo huí píngwěn 평온을 되찾다

箫(簫) xiāo 통소 소 / 통소

예 吹箫 chuī xiāo 통소를 불다

舆(輿) yú 수레 여 / 수레

예 舍舆登舟 shě yú dēng zhōu
수레에서 내려 배에 오르다

膑(臏) bìn 종지뼈 빈 / 종지뼈

예 髌骨 bìngǔ 종지뼈

殡(殯) bìn 염할 빈 / 염하다

예 殡车 bìnchē 장의차

鲜(鮮) xiān 고울 선 / 곱다

예 朝鲜族 Cháoxiānzú 조선족

馒(饅) mán 만두 만 / 만두

예 把馒头噓一噓 bǎ mántou xū yi xū
만두를 데우다

瘘(瘻) lòu 부스럼 루 / 부스럼

阚(闞) kàn 바라볼 감 / 바라보다

谲(譎) jué 속일 휼 / 속이다

赛(賽) sài 굿할 새 / 굿하다, 경기하다

예) 赛场里的观众 sàichǎng li de guānzhòng
경기장 안의 관중

缩(縮) suō 줄일 축 / 줄이다

예) 缩去三分之一 suō qù sān fēn zhī yī
3분의 1을 축소하다

褛(褸) lǚ 남루할 루 / 남루하다

예) 褴褛的衣服 lánlǚ de yīfu 남루한 의복

谭(譚) tán 이야기 담 / 이야기

谱(譜) pǔ 계보 보 / 계보, 악보

예) 照曲谱演奏 zhào qǔpǔ yǎnzòu
악보대로 연주하다

15획

箱 xiāng 상자 상 / 상자

예) 把东西装在车箱里。
bǎ dōngxi zhuāng zài chēxiāng li.
물건을 차 트렁크에 싣다.

僻 pì 후미질 벽 / 외지다, 후미지다

예) 偏僻的地方 piānpì de dìfang 외딴 곳

影 yǐng 그림자 영 / 그림자

예) 窗帘上有个人影儿。
Chuānglián shang yǒu ge rényǐngr.
커튼에 사람 그림자가 보인다.

墨 mò 먹 묵 / 먹

예) 墨水太稠了。Mòshuǐ tài chóu le.
먹물이 너무 진하다.

醋 cù 초 초 / 식초

예) 吃醋 chī cù 식초를 먹다(질투하다)

蕉(蕉) jiāo 파초 초 / 파초

예) 蕉叶 jiāoyè 파초 잎

撒 sā 뿌릴 살 / 뿌리다

예) 撒布传单 sābù chuándān 전단을 뿌리다

嘴(嘴) zuǐ 부리 취 / 부리, 입

예) 嘴上叼着牙签 zuǐ shang diāo zhe yáqiān
입에 이쑤시개를 꼬나물다

瘦 shòu 파리할 수 / 수척하다, 마르다

예) 你瘦了很多! Nǐ shòu le hěn duō!
너 많이 말랐구나!

敷 fū 펼 부 / 펴다

예) 敷设路轨 fūshè lùguǐ 레일을 부설하다

魅 mèi 도깨비 매 / 미혹하다, 홀리다

예) 富有魅力 fùyǒu mèilì 매력 있다

糊 hú 풀 호 / 풀, 모호하다

예) 糊信封 hú xìnfēng 편지봉투를 풀로 바르다
变得愈加模糊 biàn de yùjiā móhu
점점 더 모호해지다

磅(鎊) bàng 돌떨어지는소리 방 / 영국 파운드

예) 英镑和法朗 yīngbàng hé fǎláng
파운드와 프랑

熨 yùn 다릴 위 / 다림질하다

예) 用熨斗把裤子烙平
yòng yùndǒu bǎ kùzi lào píng
다리미로 바지를 평평하게 다리다

厨(廚) chú 부엌 주 / 주방

예) 在厨房做菜 zài chúfáng zuò cài
주방에서 음식을 만들다

鞋 xié 신 혜 / 신발

예) 穿大号的球鞋 chuān dàohào de qiúxié
큰 사이즈 운동화를 신다

懂(憧) dǒng 심란할 동 / 이해하다

예) 你懂了没有? Nǐ dǒng le méiyǒu?
알겠어요?

褥 rù 요 욕 / 까는 이불

예) 把湿褥子弄干 bǎ shī rùzi nòng gān
젖은 요를 말리다

撺(攛) cuān 던질 찬 / 던지다

撺 撺

예 撺弄 cuānnong 꼬드기다

厣(厴) yè 보조개 엽 / 보조개

厣 厣

예 厣辅 yèfǔ, 酒窝儿 jiǔwōr 보조개

蕴(蘊) yùn 쌓을 온 / 쌓다

蕴 蕴

예 地下蕴藏的煤 dìxià yùncáng de méi
지하에 매장된 석탄

霉 méi 곰팡이 미 / 곰팡이

霉 霉

예 发霉 fā méi 곰팡이가 슬다

樯(檣) qiáng 돛대 장 / 돛

樯 樯

예 帆樯如林 fān qiáng rú lín
돛대가 숲과 같다(배가 많다)

龉(齬) yǔ 어긋날 어 / 어긋나다

龉 龉

樱(櫻) yīng 앵두나무 앵 / 앵두나무

樱 樱

예 红丹丹的樱桃 hóngdāndān de yīngtáo
새빨간 앵두

龊(齪) chuò 악착할 착 / 악착같다

龊 龊

飘(飄) piāo 회오리바람 표 / 질풍

飘 飘

瞒(瞞) mán 속일 만 / 속이다

瞒 瞒

예 不瞒你说! Bù mán nǐ shuō!
솔직히 말하자면!

题(題) tí 표제 제 / 표제

例 这跟本题无关。 Zhè gēn běntí wúguān.
이것은 본 주제와 무관하다.

踯(躑) zhí 머뭇거릴 척 / 머뭇거리다

噜(嚕) lū 말할 로 / 말하다, 아첨하다

嘱(囑) zhǔ 부탁할 촉 / 부탁하다

例 嘱托证券买卖 zhǔtuō zhèngquàn mǎimai
주식 매매를 촉탁하다

镇(鎮) zhèn 누를 진 / 누르다

例 镇压叛乱 zhènyā pànluàn 반란을 진압하다

镐(鎬) gāo, hào 호경 호 / 호경

篑(簣) kuì, kuài 삼태기 궤 / 삼태기

篓(簍) lǒu 대채롱 루 / 대나무상자

鲤(鯉) lǐ 잉어 리 / 잉어

例 鲤鱼跳龙门 lǐyú tiào lóngmén
잉어가 용문에 오르다(출세하다)

鲦(鰷) tiáo 피라미 조 / 피라미

例 鲦鱼 tiáoyú 피라미

鲧(鯀) gǔn 물고기 곤 / 물고기명

鲨(鯊) shā 상어 사 / 상어

例 出现了食人鲨鱼。Chūxiàn le shírén shāyú.
식인 상어가 나타났다.

馔(饌) zhuàn 반찬 찬 / 반찬, 음식

澜(瀾) lán 물결 란 / 물결

例 掀起巨大的波澜 xiānqǐ jùdà de bōlán
커다란 파장을 일으키다

瘪(癟) biě, biē 꺼질 별 / 꺼지다

例 两腮窝瘪 liǎngsāi wōbiě
양쪽 뺨이 움푹 꺼지다

额(額) é 이마 액 / 이마, 액수

例 超出数额 chāochū shù'é 액수를 초과하다

瘫(癱) tān 사지뒤틀릴 탄 / 사지 마비

例 陷入瘫痪状态 xiànrù tānhuàn zhuàngtài
마비 상태에 빠지다

褴(襤) lán 누더기 람 / 누더기

例 身着褴褛 shēn zhuó lánlǚ
몸에 누더기를 걸치다

颜(顏) yán 얼굴 안 / 얼굴

例 红颜薄命 hóngyán bómìng 미인박명

谴(譴) qiǎn 꾸짖을 견 / 꾸짖다

例 谴责 qiǎnzé 꾸짖다

鹤(鶴) hè 학 학 / 학

| 鹤 | 鹤 | | | | |

예 骑鹤上杨州　qí hè shàng yángzhōu
학을 타고 양주 가다(헛된 망상)

缮(繕) shàn 기울 선 / 옷을 깁다

| 缮 | 缮 | | | | |

16획

壁 bì 벽 벽 / 벽, 울타리

예 把墙壁抹黑 bǎ qiángbì mǒ hēi
벽을 검게 칠하다

辨 biàn 분변할 변 / 분별하다

예 黑得辨认不出面孔
hēi de biànrèn bu chū miànkǒng
어두워서 얼굴을 분별할 수 없다

糖 táng 사탕 당 / 사탕, 설탕

예 蘸糖吃 zhàn táng chī 설탕을 찍어서 먹다

燕 yàn 제비 연 / 제비

예 身轻如燕 shēn qīng rú yàn
몸이 제비처럼 가볍다

儒 rú 선비 유 / 선비, 유학

예 儒家文明圈 Rújiā wénmíngquān
유교 문명권

瓢 piáo 박 표 / 박, 표주박

예 用瓢舀出冷水 yòng piáo yǎo chū lěngshuǐ
표주박으로 냉수를 떠내다

橹(櫓) lǔ 방패 로 / 방패

憾 hàn 한할 감 / 유감, 아쉽다

예 真是遗憾! Zhēnshi yíhàn! 정말 유감이다!

飙(飆) biāo 폭풍 표 / 폭풍, 광풍

예 狂飙 kuángbiāo 맹렬한 폭풍

镛(鏞) yōng 종 용 / 종

辙(轍) zhé 바퀴자국 철 / 바퀴자국

镜(鏡) jìng 거울 경 / 거울

예 砸碎镜子 zá suì jìngzi 거울을 박살내다

鹦(鸚) yīng 앵무새 앵 / 앵무새

예 调教鹦鹉 tiáojiào yīngwǔ 앵무새를 길들이다

赞(贊) zàn 도울 찬 / 돕다 찬
赞(讚) zàn 기릴 찬 / 기리다, 칭찬하다

예 赞助演出 zànzhù yǎnchū 찬조 출연

镗(鏜) tāng 종고소리 당 / 종고소리

穑 sè 거둘 색 / 거두다

镘(鏝) màn 흙손 만 / 흙손

篮(籃) lán 바구니 람 / 바구니

예 手里提着篮子 shǒu li tí zhe lánzi 손에 바구니를 들고 있다

篱(籬) lí 울타리 리 / 울타리

篱 | 篱 | | | |

예 竹篱茅舍 zhú lí máo shè
대나무 울타리를 친 초가집

鹧(鷓) zhè 자고 자 / 자고새

鹧 | 鹧 | | | |

鲭(鯖) qīng, zhēng 청어 청 / 청어

鲭 | 鲭 | | | |

瘾(癮) yǐn 두드러기 은 / 두드러기, 중독

瘾 | 瘾 | | | |

예 吸毒上瘾 xī dú shàng yǐn 마약에 중독되다

鲸(鯨) jīng 고래 경 / 고래

鲸 | 鲸 | | | |

예 鲸油 jīngyóu 고래 기름

辩(辯) biàn 말잘할 변 / 말 잘하다

辩 | 辩 | | | |

예 为他门辩护 wèi tāmen biànhù
그들을 위해 변호하다

鲲(鯤) kūn 곤이 곤 / 곤이(물고기)

鲲 | 鲲 | | | |

濒(瀕) bīn 물가 빈 / 물가

濒 | 濒 | | | |

獭(獺) tǎ 수달 달 / 수달

獭 | 獭 | | | |

懒(懶) lǎn 게으를 나 / 게으르다

懒 | 懒 | | | |

예 懒人只贪图享乐。Lǎnrén zhǐ tāntú xiǎnglè.
게으른 자는 향락만 탐한다.

缴(繳) jiǎo 얽힐 교 / 얽히다, 내다

缴	缴				

예 缴午餐费 jiǎo wǔcānfèi 점심 식대를 내다

한자를 알면 중국어가 보인다

17획

藉(藉) jiè, jí 깔개 자 / 깔개

예 藉草而坐 jí cǎo ér zuò 풀을 깔고 앉다

龌(龌) wò 악착할 악 / 악착같다

繁 fán 많을 번 / 많다

예 繁体字 fántǐzì 번체자

瞩(矚) zhǔ 볼 촉 / 보다

薄 báo, bó 엷을 박 / 엷다, 얇다

예 凝结了一层薄冰
níngjié le yì céng báobīng
얇은 얼음 층이 응결되었다

蹑(躡) niè 밟을 섭 / 밟다

예 蹑手蹑脚 niè shǒu niè jiǎo 살금살금 걷다

藓(蘚) xiǎn 이끼 선 / 이끼

예 长满苔藓 zhǎng mǎn táixiǎn
이끼가 가득 끼다

羁(羈) jī 굴대 기 / 굴대

赡(贍) shàn 넉넉할 섬 / 넉넉하다

辫(辮) biàn 땋을 변 / 땋다

예 垂着辫子 chuí zhe biànzi 변발을 늘어뜨리다

鳄(鱷) è 악어 악 / 악어

예 鳄鱼皮 èyúpí 악어가죽

赢(贏) yíng 찰 영 / 차다, 남다

鳅(鰍) qiū 미꾸라지 추 / 미꾸라지

예 泥鳅 níqiū 미꾸라지

骤(驟) zhòu 달릴 취 / 달리다

鳆(鰒) fù 전복 복 / 전복

鹫(鷲) jiù 수리 취 / 수리

18획 이상

籍 jí 서책 적 / 서책, 장부

예) 各类书籍每星期都更新。
Gèlèi shūjí měi xīngqī dōu gēngxīn.
각 부류 서적이 매주 새로 바뀐다.

鳌(鰲) áo 자라 오 / 자라

颢(顥) hào 클 호 / 크다

鹭(鷺) lù 해오라기 로 / 해오라기

髅(髏) lóu 해골 루 / 해골

예) 骷髅 kūlóu 해골

镮 huán 고리 환 / 고리, 가락지

镯(鐲) zhuó 팔찌 탁 / 팔찌

예) 戴手镯 dài shǒuzhuó 팔찌를 끼다

镰(鐮) lián 낫 겸 / 낫

예) 斧头和镰刀 fǔtóu hé liándāo 도끼와 낫

讎(讐) chóu 원수 수 / 원수, 팔다

靄(靄) ǎi 아지랑이 애 / 아지랑이

鳍(鰭) qí 지느러미 기 / 지느러미

예 脊鳍 jǐqí, 背鳍 bèiqí 등지느러미

鳖(鱉) biē 자라 별 / 자라

예 焘鳖 fǒu biē 자라를 삶다

鹰(鷹) yīng 매 응 / 매, 송골매

예 老鹰翱翔 lǎoyīng áoxiáng 매가 비상하다

蹿(躥) cuān 솟을 찬 / 치솟다

癞(癩) lài 문둥병 라 / 나병

예 癞疮病的症状 Làichuāngbìng de zhèngzhuàng 문둥병의 증상

巅(巔) diān 꼭대기 전 / 산꼭대기

예 山巅 shāndiān 산꼭대기

攒(攢) cuán, zǎn 모일 찬 / 모이다

예 众毛儿攒毡子 zhòng máor cuán zhānzi 티끌모아 태산

髋(髖) kuān 허리뼈 관 / 허리뼈

예 髋骨 kuāngǔ 엉덩이뼈

髌(髕) bìn 종지뼈 빈 / 종지뼈

| 髌 | 髌 | | | | |

예 髌骨 bìngǔ 종지뼈

鳔(鰾) biào 부레 표 / 부레

| 鳔 | 鳔 | | | | |

예 把鱼鳔熬成胶水
bǎ yúbiào áo chéng jiāoshuǐ
부레를 달여서 풀로 만들다

鳗(鰻) mán 장어 만 / 장어

| 鳗 | 鳗 | | | | |

예 鳗鱼 mányú 뱀장어

颤(顫) chàn, zhàn 떨릴 전 / 떨다

| 颤 | 颤 | | | | |

예 颤抖着牙齿说 chàndǒu zhe yáchǐ shuō
이를 덜덜 떨며 말하다

癣(癬) xuǎn 옴 선 / 옴(피부병)

| 癣 | 癣 | | | | |

예 发癣 fā xuǎn 옴이 생기다

谗(讒) chán 참서 참 / 뉘우치다

| 谗 | 谗 | | | | |

缵(纘) zuǎn 이을 찬 / 잇다

| 缵 | 缵 | | | | |

鬓 bìn 살쩍 빈 / 살쩍

| 鬓 | 鬓 | | | | |

예 留连鬓胡子 liú liánbìn húzi
구레나룻을 기르다

鼍(鼉) tà 악어 타 / 악어

| 鼍 | 鼍 | | | | |

臜(臢) zān 언청이 잠 / 언청이

| 臜 | 臜 | | | | |

예 *豁唇子 huōchúnzi 언청이

鳞(鱗) lín 비늘 린 / 비늘

예 先剥鱼鳞，再抽筋。
xiān bāo yúlín, zài chōu jīn.
비늘을 벗긴 다음 살을 바른다.

颦(顰) pín 찡그릴 빈 / 찡그리다

예 颦蹙 píncù 빈축

躏(躪) lìn 짓밟을 린 / 짓밟다

예 蹂躏人权 róulìn rénquán 인권을 유린하다

癫(癲) diān 미칠 전 / 미치다, 간질

赣(贛) gàn 강이름 공 / 강 이름

鹳(鸛) guàn 황새 관 / 황새

镶(鑲) xiāng 거푸집속 양 / 거푸집 속

趱(趲) zǎn 놀라흩어질 찬 / 흩어지다

躜(躦) zuān 치솟을 찬 / 치솟다

馕(饢) náng 마구먹을 낭 / 마구 먹다

戇(戆) zhuàng 어리석을 당 / 어리석다

| 戇 | 戆 | | | | |

한자를 알면
중국어가 보인다

한자를 알면 중국어가 보인다

연습
한어병음(汉语拼音) 쓰기

기본한자

一 ➡ _____
二 ➡ _____
三 ➡ _____
四 ➡ _____
五 ➡ _____
六 ➡ _____
七 ➡ _____
八 ➡ _____
九 ➡ _____
十 ➡ _____
百 ➡ _____
千 ➡ _____
万 ➡ _____
亿 ➡ _____
父 ➡ _____
母 ➡ _____
子 ➡ _____
女 ➡ _____

爷 ➡ _____
奶 ➡ _____
爸 ➡ _____
妈 ➡ _____
兄 ➡ _____
弟 ➡ _____
姐 ➡ _____
妹 ➡ _____
东 ➡ _____
南 ➡ _____
西 ➡ _____
北 ➡ _____
上 ➡ _____
中 ➡ _____
下 ➡ _____
大 ➡ _____
小 ➡ _____
男 ➡ _____
女 ➡ _____
老 ➡ _____
少 ➡ _____

日 ➡	
月 ➡	
年 ➡	
阴 ➡	
阳 ➡	
木 ➡	
火 ➡	
土 ➡	
金 ➡	
水 ➡	
天 ➡	
地 ➡	
甲 ➡	
乙 ➡	
丙 ➡	
丁 ➡	
戊 ➡	
己 ➡	
庚 ➡	
辛 ➡	
壬 ➡	
癸 ➡	
子 ➡	
丑 ➡	
寅 ➡	
卯 ➡	
辰 ➡	
巳 ➡	

午 ➡	
未 ➡	
申 ➡	
酉 ➡	
戌 ➡	
亥 ➡	
高 ➡	
低 ➡	
长 ➡	
短 ➡	
前 ➡	
后 ➡	
左 ➡	
右 ➡	
内 ➡	
外 ➡	
远 ➡	
近 ➡	
轻 ➡	
重 ➡	
衣 ➡	
食 ➡	
住 ➡	
山 ➡	
川 ➡	
草 ➡	
江 ➡	
河 ➡	

海 ➡ _____
春 ➡ _____
夏 ➡ _____
秋 ➡ _____
冬 ➡ _____
红 ➡ _____
黄 ➡ _____
蓝 ➡ _____
绿 ➡ _____
橙 ➡ _____
青 ➡ _____
紫 ➡ _____
听 ➡ _____
说 ➡ _____
看 ➡ _____
见 ➡ _____
念 ➡ _____
写 ➡ _____
多 ➡ _____
年 ➡ _____
时 ➡ _____
生 ➡ _____
死 ➡ _____
出 ➡ _____
入 ➡ _____
喜 ➡ _____
怒 ➡ _____
哀 ➡ _____

乐 ➡ _____
我 ➡ _____
你 ➡ _____
他 ➡ _____
她 ➡ _____
是 ➡ _____
非 ➡ _____
不 ➡ _____
吗 ➡ _____

2획

卜 ➡ _____
了 ➡ _____
力 ➡ _____
儿 ➡ _____
几 ➡ _____
厂 ➡ _____

3획

凡 ➡ _____
工 ➡ _____
也 ➡ _____
寸 ➡ _____
丈 ➡ _____

叉 ➡ _____
久 ➡ _____
勺 ➡ _____
千 ➡ _____
才 ➡ _____
么 ➡ _____
幺 ➡ _____
个 ➡ _____
广 ➡ _____
与 ➡ _____
门 ➡ _____
义 ➡ _____
马 ➡ _____
卫 ➡ _____
飞 ➡ _____
习 ➡ _____
夕 ➡ _____
乡 ➡ _____
亏 ➡ _____

公 ➡ _____
夫 ➡ _____
友 ➡ _____
止 ➡ _____
毛 ➡ _____
元 ➡ _____
孔 ➡ _____
仁 ➡ _____
戈 ➡ _____
化 ➡ _____
支 ➡ _____
牙 ➡ _____
仇 ➡ _____
牛 ➡ _____
斤 ➡ _____
无 ➡ _____
从 ➡ _____
贝 ➡ _____
车 ➡ _____
气 ➡ _____
升 ➡ _____
长 ➡ _____
丰 ➡ _____
韦 ➡ _____
专 ➡ _____
云 ➡ _____
扎 ➡ _____
艺 ➡ _____

4획

今 ➡ _____
心 ➡ _____
文 ➡ _____
比 ➡ _____
方 ➡ _____

厅 ➡ _____
历 ➡ _____
区 ➡ _____
巨 ➡ _____
仆 ➡ _____
币 ➡ _____
凶 ➡ _____
仓 ➡ _____
风 ➡ _____
凤 ➡ _____
为 ➡ _____
斗 ➡ _____
鸟 ➡ _____
闩 ➡ _____
办 ➡ _____
忆 ➡ _____
仅 ➡ _____
队 ➡ _____
认 ➡ _____
订 ➡ _____
计 ➡ _____
讣 ➡ _____
书 ➡ _____
劝 ➡ _____
邓 ➡ _____
双 ➡ _____

5획

立 ➡ _____
可 ➡ _____
玉 ➡ _____
世 ➡ _____
史 ➡ _____
叫 ➡ _____
白 ➡ _____
古 ➡ _____
付 ➡ _____
皮 ➡ _____
包 ➡ _____
永 ➡ _____
主 ➡ _____
市 ➡ _____
功 ➡ _____
民 ➡ _____
本 ➡ _____
失 ➡ _____
田 ➡ _____
平 ➡ _____
布 ➡ _____
瓜 ➡ _____
占 ➡ _____
只 ➡ _____
叹 ➡ _____

们 ➡		汉 ➡	
击 ➡		宁 ➡	
扑 ➡		它 ➡	
节 ➡		礼 ➡	
术 ➡		让 ➡	
龙 ➡		讨 ➡	
灭 ➡		训 ➡	
轧 ➡		议 ➡	
卢 ➡		记 ➡	
厉 ➡		边 ➡	
业 ➡		辽 ➡	
旧 ➡		发 ➡	
帅 ➡		圣 ➡	
归 ➡		对 ➡	
叶 ➡		台 ➡	
号 ➡		纠 ➡	
电 ➡		丝 ➡	
仪 ➡		动 ➡	
丛 ➡		正 ➡	
尔 ➡			
处 ➡			
鸟 ➡			
务 ➡			
饥 ➡			
闪 ➡			
头 ➡			
兰 ➡			
汇 ➡			

6획

自 ➡	
有 ➡	
在 ➡	
先 ➡	
光 ➡	

如 ➡ _____
合 ➡ _____
字 ➡ _____
曲 ➡ _____
羊 ➡ _____
竹 ➡ _____
色 ➡ _____
吃 ➡ _____
好 ➡ _____
耳 ➡ _____
名 ➡ _____
忙 ➡ _____
危 ➡ _____
臣 ➡ _____
安 ➡ _____
共 ➡ _____
同 ➡ _____
成 ➡ _____
早 ➡ _____
亦 ➡ _____
存 ➡ _____
舌 ➡ _____
吐 ➡ _____
伏 ➡ _____
肉 ➡ _____
污 ➡ _____
池 ➡ _____

米 ➡ _____
劣 ➡ _____
寺 ➡ _____
朱 ➡ _____
执 ➡ _____
巩 ➡ _____
圹 ➡ _____
扩 ➡ _____
扫 ➡ _____
扬 ➡ _____
场 ➡ _____
亚 ➡ _____
朴 ➡ _____
机 ➡ _____
权 ➡ _____
过 ➡ _____
协 ➡ _____
压 ➡ _____
厌 ➡ _____
页 ➡ _____
夸 ➡ _____
夺 ➡ _____
达 ➡ _____
夹 ➡ _____
轨 ➡ _____
尧 ➡ _____
划 ➡ _____
当 ➡ _____

师	➡		负	➡
毕	➡		壮	➡
贞	➡		冲	➡
迈	➡		妆	➡
尘	➡		庄	➡
吓	➡		庆	➡
虫	➡		刘	➡
团	➡		齐	➡
岁	➡		冰	➡
回	➡		产	➡
岂	➡		闭	➡
则	➡		问	➡
刚	➡		关	➡
网	➡		灯	➡
迁	➡		汤	➡
伟	➡		忏	➡
传	➡		兴	➡
优	➡		军	➡
伤	➡		农	➡
价	➡		讲	➡
伦	➡		讷	➡
华	➡		许	➡
伪	➡		讹	➡
向	➡		论	➡
会	➡		讼	➡
杀	➡		讽	➡
众	➡		设	➡
杂	➡		访	➡

寻 ➡ _____
尽 ➡ _____
异 ➡ _____
导 ➡ _____
孙 ➡ _____
阶 ➡ _____
妇 ➡ _____
戏 ➡ _____
观 ➡ _____
欢 ➡ _____
买 ➡ _____
驰 ➡ _____
红 ➡ _____
纤 ➡ _____
约 ➡ _____
纪 ➡ _____
寿 ➡ _____
件 ➡ _____

7획

言 ➡ _____
志 ➡ _____
初 ➡ _____
免 ➡ _____
求 ➡ _____
作 ➡ _____

走 ➡ _____
坐 ➡ _____
宋 ➡ _____
身 ➡ _____
快 ➡ _____
成 ➡ _____
助 ➡ _____
估 ➡ _____
宏 ➡ _____
村 ➡ _____
杏 ➡ _____
兵 ➡ _____
束 ➡ _____
吹 ➡ _____
何 ➡ _____
忘 ➡ _____
伴 ➡ _____
困 ➡ _____
扶 ➡ _____
肚 ➡ _____
私 ➡ _____
伯 ➡ _____
形 ➡ _____
兔 ➡ _____
汽 ➡ _____
花 ➡ _____
麦 ➡ _____
冷 ➡ _____

判 ➡	
君 ➡	
豆 ➡	
芽 ➡	
芹 ➡	
玛 ➡	
进 ➡	
违 ➡	
运 ➡	
抚 ➡	
迎 ➡	
坛 ➡	
坏 ➡	
扰 ➡	
坝 ➡	
贡 ➡	
折 ➡	
抢 ➡	
坟 ➡	
护 ➡	
壳 ➡	
块 ➡	
声 ➡	
报 ➡	
拟 ➡	
芜 ➡	
苇 ➡	
苍 ➡	

严 ➡	
芦 ➡	
劳 ➡	
克 ➡	
吨 ➡	
苏 ➡	
极 ➡	
杨 ➡	
两 ➡	
丽 ➡	
医 ➡	
励 ➡	
还 ➡	
来 ➡	
轩 ➡	
连 ➡	
卤 ➡	
坚 ➡	
时 ➡	
县 ➡	
里 ➡	
呆 ➡	
园 ➡	
旷 ➡	
围 ➡	
邮 ➡	
困 ➡	
床 ➡	

孝 ➡ _____
更 ➡ _____
员 ➡ _____
呗 ➡ _____
听 ➡ _____
呛 ➡ _____
呜 ➡ _____
别 ➡ _____
财 ➡ _____
岗 ➡ _____
帐 ➡ _____
针 ➡ _____
钉 ➡ _____
乱 ➡ _____
体 ➡ _____
佣 ➡ _____
彻 ➡ _____
余 ➡ _____
谷 ➡ _____
邻 ➡ _____
肠 ➡ _____
龟 ➡ _____
犹 ➡ _____
鸠 ➡ _____
条 ➡ _____
岛 ➡ _____
邹 ➡ _____
饨 ➡ _____

饭 ➡ _____
饮 ➡ _____
系 ➡ _____
状 ➡ _____
亩 ➡ _____
床 ➡ _____
库 ➡ _____
疗 ➡ _____
疖 ➡ _____
应 ➡ _____
这 ➡ _____
庐 ➡ _____
弃 ➡ _____
闰 ➡ _____
闲 ➡ _____
间 ➡ _____
闵 ➡ _____
闷 ➡ _____
灿 ➡ _____
灶 ➡ _____
炀 ➡ _____
沧 ➡ _____
沟 ➡ _____
沈 ➡ _____
沉 ➡ _____
怀 ➡ _____
忧 ➡ _____
灾 ➡ _____

穷 ➡	
证 ➡	
启 ➡	
评 ➡	
补 ➡	
诅 ➡	
识 ➡	
诈 ➡	
诉 ➡	
诊 ➡	
词 ➡	
诏 ➡	
灵 ➡	
层 ➡	
迟 ➡	
张 ➡	
际 ➡	
陆 ➡	
陈 ➡	
坠 ➡	
劲 ➡	
鸡 ➡	
纬 ➡	
驱 ➡	
纯 ➡	
纱 ➡	
纲 ➡	
纳 ➡	

纺 ➡	
纷 ➡	
纸 ➡	
驳 ➡	
纵 ➡	
纹 ➡	
纽 ➡	
驴 ➡	

8획

知 ➡	
果 ➡	
姓 ➡	
性 ➡	
固 ➡	
味 ➡	
朋 ➡	
定 ➡	
卑 ➡	
命 ➡	
宙 ➡	
坤 ➡	
事 ➡	
宗 ➡	
炎 ➡	
屈 ➡	

帛 ➡	季 ➡
奈 ➡	炒 ➡
宜 ➡	油 ➡
辛 ➡	拙 ➡
函 ➡	环 ➡
呼 ➡	肺 ➡
姑 ➡	服 ➡
侄 ➡	杯 ➡
往 ➡	官 ➡
叔 ➡	始 ➡
孤 ➡	育 ➡
所 ➡	居 ➡
狗 ➡	乳 ➡
狐 ➡	衫 ➡
卧 ➡	责 ➡
怕 ➡	雨 ➡
孟 ➡	现 ➡
武 ➡	表 ➡
易 ➡	规 ➡
松 ➡	岸 ➡
房 ➡	坡 ➡
空 ➡	岭 ➡
府 ➡	瓯 ➡
和 ➡	垆 ➡
刻 ➡	顶 ➡
苦 ➡	拢 ➡
英 ➡	拣 ➡
拉 ➡	担 ➡

拥 ➡ _____
范 ➡ _____
茎 ➡ _____
枢 ➡ _____
柜 ➡ _____
枪 ➡ _____
枫 ➡ _____
构 ➡ _____
杰 ➡ _____
丧 ➡ _____
势 ➡ _____
拦 ➡ _____
拧 ➡ _____
拔 ➡ _____
择 ➡ _____
苹 ➡ _____
画 ➡ _____
枣 ➡ _____
卖 ➡ _____
郁 ➡ _____
矿 ➡ _____
码 ➡ _____
厕 ➡ _____
奋 ➡ _____
态 ➡ _____
欧 ➡ _____
殴 ➡ _____
轰 ➡ _____

顷 ➡ _____
转 ➡ _____
斩 ➡ _____
轮 ➡ _____
软 ➡ _____
齿 ➡ _____
虏 ➡ _____
肾 ➡ _____
贤 ➡ _____
国 ➡ _____
畅 ➡ _____
鸣 ➡ _____
钓 ➡ _____
钗 ➡ _____
制 ➡ _____
刮 ➡ _____
岳 ➡ _____
侠 ➡ _____
侥 ➡ _____
侦 ➡ _____
侧 ➡ _____
凭 ➡ _____
侨 ➡ _____
货 ➡ _____
质 ➡ _____
明 ➡ _____
沿 ➡ _____
征 ➡ _____

径 ➡ _____
舍 ➡ _____
怂 ➡ _____
觅 ➡ _____
贪 ➡ _____
贫 ➡ _____
肤 ➡ _____
肿 ➡ _____
胀 ➡ _____
胁 ➡ _____
周 ➡ _____
爬 ➡ _____
鱼 ➡ _____
备 ➡ _____
饰 ➡ _____
饱 ➡ _____
饲 ➡ _____
变 ➡ _____
庞 ➡ _____
庙 ➡ _____
废 ➡ _____
疡 ➡ _____
剂 ➡ _____
闸 ➡ _____
闹 ➡ _____
卷 ➡ _____
炉 ➡ _____
泸 ➡ _____

浅 ➡ _____
泪 ➡ _____
注 ➡ _____
泻 ➡ _____
泼 ➡ _____
泽 ➡ _____
泾 ➡ _____
怜 ➡ _____
学 ➡ _____
宝 ➡ _____
宠 ➡ _____
审 ➡ _____
帘 ➡ _____
实 ➡ _____
衬 ➡ _____
视 ➡ _____
试 ➡ _____
诗 ➡ _____
诘 ➡ _____
诚 ➡ _____
诛 ➡ _____
话 ➡ _____
诞 ➡ _____
诠 ➡ _____
诡 ➡ _____
询 ➡ _____
诤 ➡ _____
该 ➡ _____

详 ➡ _____
肃 ➡ _____
隶 ➡ _____
弥 ➡ _____
陕 ➡ _____
驾 ➡ _____
参 ➡ _____
艰 ➡ _____
驻 ➡ _____
驼 ➡ _____
驿 ➡ _____
线 ➡ _____
练 ➡ _____
组 ➡ _____
绅 ➡ _____
细 ➡ _____
终 ➡ _____
织 ➡ _____
绊 ➡ _____
绍 ➡ _____
绎 ➡ _____
经 ➡ _____
贯 ➡ _____

9획

活 ➡ _____

要 ➡ _____
故 ➡ _____
恒 ➡ _____
界 ➡ _____
香 ➡ _____
祖 ➡ _____
美 ➡ _____
持 ➡ _____
骨 ➡ _____
胃 ➡ _____
眉 ➡ _____
背 ➡ _____
便 ➡ _____
信 ➡ _____
促 ➡ _____
洗 ➡ _____
室 ➡ _____
韭 ➡ _____
皇 ➡ _____
厚 ➡ _____
陋 ➡ _____
染 ➡ _____
怨 ➡ _____
降 ➡ _____
炭 ➡ _____
奏 ➡ _____
盈 ➡ _____
皆 ➡ _____

茶 → ____	荐 → ____
省 → ____	贯 → ____
指 → ____	荡 → ____
城 → ____	垩 → ____
星 → ____	荣 → ____
架 → ____	胡 → ____
屋 → ____	荫 → ____
俗 → ____	药 → ____
逆 → ____	标 → ____
盆 → ____	栈 → ____
炸 → ____	柿 → ____
贰 → ____	栋 → ____
帮 → ____	栏 → ____
急 → ____	树 → ____
胖 → ____	咸 → ____
厘 → ____	砖 → ____
突 → ____	砚 → ____
度 → ____	面 → ____
神 → ____	牵 → ____
项 → ____	鸥 → ____
贡 → ____	残 → ____
挂 → ____	轲 → ____
挟 → ____	轴 → ____
挠 → ____	轻 → ____
浇 → ____	鸦 → ____
挡 → ____	蚕 → ____
垫 → ____	战 → ____
挥 → ____	点 → ____

临 ➡	_____	毡 ➡	_____
览 ➡	_____	浒 ➡	_____
竖 ➡	_____	浓 ➡	_____
尝 ➡	_____	恸 ➡	_____
哄 ➡	_____	恻 ➡	_____
哑 ➡	_____	恼 ➡	_____
显 ➡	_____	举 ➡	_____
贵 ➡	_____	觉 ➡	_____
虾 ➡	_____	宪 ➡	_____
蚂 ➡	_____	窃 ➡	_____
蚁 ➡	_____	诚 ➡	_____
虽 ➡	_____	诬 ➡	_____
骂 ➡	_____	语 ➡	_____
勋 ➡	_____	诱 ➡	_____
哗 ➡	_____	说 ➡	_____
响 ➡	_____	诵 ➡	_____
哟 ➡	_____	垦 ➡	_____
罚 ➡	_____	昼 ➡	_____
贱 ➡	_____	费 ➡	_____
贴 ➡	_____	逊 ➡	_____
贻 ➡	_____	险 ➡	_____
钞 ➡	_____	贺 ➡	_____
钟 ➡	_____	骄 ➡	_____
钢 ➡	_____	骆 ➡	_____
钥 ➡	_____	骈 ➡	_____
钦 ➡	_____	垒 ➡	_____
钩 ➡	_____	娇 ➡	_____
氢 ➡	_____	绑 ➡	_____

绒 ➡ _____
绕 ➡ _____
绘 ➡ _____
绞 ➡ _____
统 ➡ _____
给 ➡ _____
络 ➡ _____
绝 ➡ _____
差 ➡ _____
秒 ➡ _____

10획

恩 ➡ _____
起 ➡ _____
疼 ➡ _____
笑 ➡ _____
哭 ➡ _____
疾 ➡ _____
鬼 ➡ _____
弱 ➡ _____
家 ➡ _____
素 ➡ _____
娘 ➡ _____
旅 ➡ _____
院 ➡ _____
排 ➡ _____

浩 ➡ _____
租 ➡ _____
辱 ➡ _____
害 ➡ _____
班 ➡ _____
振 ➡ _____
缺 ➡ _____
校 ➡ _____
哥 ➡ _____
胸 ➡ _____
桃 ➡ _____
唐 ➡ _____
秦 ➡ _____
浮 ➡ _____
庭 ➡ _____
矩 ➡ _____
窄 ➡ _____
峰 ➡ _____
被 ➡ _____
站 ➡ _____
畜 ➡ _____
速 ➡ _____
柳 ➡ _____
逢 ➡ _____
烟 ➡ _____
柴 ➡ _____
蚊 ➡ _____
桌 ➡ _____

殊	➡		较	➡
艳	➡		顿	➡
蚕	➡		毙	➡
顽	➡		致	➡
盏	➡		豺	➡
载	➡		狼	➡
赶	➡		悔	➡
捞	➡		悟	➡
捆	➡		虑	➡
损	➡		监	➡
挚	➡		紧	➡
热	➡		党	➡
凉	➡		鸭	➡
捣	➡		晒	➡
壶	➡		晕	➡
莲	➡		鸯	➡
获	➡		罢	➡
恶	➡		圆	➡
莹	➡		贼	➡
莺	➡		贿	➡
栖	➡		赂	➡
桥	➡		赃	➡
桧	➡		钱	➡
样	➡		钻	➡
贾	➡		铁	➡
唇	➡		铃	➡
础	➡		铅	➡
顾	➡		铉	➡

牺 →
敌 →
积 →
称 →
笔 →
笋 →
债 →
借 →
值 →
倾 →
赁 →
脏 →
胶 →
脓 →
脑 →
脐 →
鸵 →
鸳 →
皱 →
俄 →
挛 →
恋 →
浆 →
席 →
痉 →
准 →
离 →
资 →

竞 →
阅 →
郸 →
烦 →
烧 →
烛 →
烨 →
递 →
涛 →
涡 →
涂 →
涤 →
润 →
涧 →
涨 →
烫 →
涩 →
涌 →
悯 →
宽 →
家 →
宾 →
窍 →
请 →
诸 →
诺 →
读 →
诽 →

袜 →		清 →	
课 →		商 →	
谁 →		麻 →	
调 →		做 →	
谄 →		淫 →	
谅 →		寂 →	
谆 →		宿 →	
谈 →		脚 →	
谊 →		眼 →	
恳 →		教 →	
剧 →		脖 →	
娲 →		甜 →	
难 →		淡 →	
预 →		粗 →	
骋 →		健 →	
验 →		康 →	
骏 →		渡 →	
绢 →		慢 →	
绣 →		婚 →	
继 →		晨 →	
		盒 →	
		袋 →	

11획

累 →	
堂 →	
船 →	
常 →	

娶 →	
深 →	
晚 →	
晴 →	
雪 →	
烹 →	

唱	→	_____	捆 →	_____
理	→	_____	掷 →	_____
望	→	_____	据 →	_____
笨	→	_____	职 →	_____
梨	→	_____	萝 →	_____
逸	→	_____	萤 →	_____
猪	→	_____	雅 →	_____
鹿	→	_____	营 →	_____
菠	→	_____	萧 →	_____
菊	→	_____	萨 →	_____
梅	→	_____	梦 →	_____
得	→	_____	检 →	_____
票	→	_____	啬 →	_____
章	→	_____	匮 →	_____
假	→	_____	酝 →	_____
疏	→	_____	硕 →	_____
符	→	_____	聋 →	_____
推	→	_____	袭 →	_____
族	→	_____	殒 →	_____
惜	→	_____	殓 →	_____
惋	→	_____	辄 →	_____
乾	→	_____	辅 →	_____
菜	→	_____	辆 →	_____
涮	→	_____	堑 →	_____
恚	→	_____	啧 →	_____
掳	→	_____	悬 →	_____
窗	→	_____	跃 →	_____
敢	→	_____	蛎 →	_____

蛊	➡		猫	➡
啰	➡		馄	➡
啸	➡		馅	➡
逻	➡		馆	➡
赈	➡		鸢	➡
婴	➡		麻	➡
赊	➡		痒	➡
铐	➡		旋	➡
蛋	➡		盖	➡
铜	➡		断	➡
铭	➡		兽	➡
铮	➡		渍	➡
铳	➡		鸿	➡
缁	➡		渐	➡
矫	➡		渑	➡
秽	➡		渊	➡
笺	➡		渔	➡
偿	➡		淀	➡
偻	➡		渗	➡
躯	➡		惭	➡
衔	➡		惧	➡
舻	➡		惊	➡
盘	➡		惮	➡
鸽	➡		惨	➡
敛	➡		惯	➡
领	➡		祷	➡
脸	➡		祸	➡
猎	➡		谟	➡

谍 ➡ _____
谎 ➡ _____
谏 ➡ _____
谐 ➡ _____
谑 ➡ _____
谒 ➡ _____
谓 ➡ _____
谕 ➡ _____
谗 ➡ _____
谚 ➡ _____
谜 ➡ _____
弹 ➡ _____
堕 ➡ _____
随 ➡ _____
隐 ➡ _____
婶 ➡ _____
颇 ➡ _____
颈 ➡ _____
骑 ➡ _____
绩 ➡ _____
绪 ➡ _____
续 ➡ _____
绰 ➡ _____
绳 ➡ _____
维 ➡ _____
绵 ➡ _____
绶 ➡ _____
绷 ➡ _____

绸 ➡ _____
综 ➡ _____
绿 ➡ _____
缀 ➡ _____

12획

象 ➡ _____
跑 ➡ _____
街 ➡ _____
量 ➡ _____
富 ➡ _____
悲 ➡ _____
痛 ➡ _____
温 ➡ _____
童 ➡ _____
期 ➡ _____
强 ➡ _____
等 ➡ _____
硬 ➡ _____
稀 ➡ _____
集 ➡ _____
欺 ➡ _____
善 ➡ _____
粥 ➡ _____
琴 ➡ _____
尊 ➡ _____

棋 ➡ _____		暑 ➡ _____
棉 ➡ _____		琼 ➡ _____
裙 ➡ _____		趋 ➡ _____
椅 ➡ _____		葱 ➡ _____
牌 ➡ _____		蛰 ➡ _____
棺 ➡ _____		搁 ➡ _____
黑 ➡ _____		搂 ➡ _____
帽 ➡ _____		揽 ➡ _____
惰 ➡ _____		联 ➡ _____
葡 ➡ _____		蒋 ➡ _____
喝 ➡ _____		韩 ➡ _____
渴 ➡ _____		确 ➡ _____
道 ➡ _____		殚 ➡ _____
敬 ➡ _____		颊 ➡ _____
景 ➡ _____		翘 ➡ _____
腕 ➡ _____		辈 ➡ _____
煮 ➡ _____		暂 ➡ _____
媚 ➡ _____		辍 ➡ _____
遇 ➡ _____		凿 ➡ _____
落 ➡ _____		辉 ➡ _____
猫 ➡ _____		赏 ➡ _____
猴 ➡ _____		睐 ➡ _____
游 ➡ _____		喷 ➡ _____
朝 ➡ _____		畴 ➡ _____
寒 ➡ _____		践 ➡ _____
湖 ➡ _____		遗 ➡ _____
普 ➡ _____		鹃 ➡ _____
替 ➡ _____		喽 ➡ _____

嵘	⇒	亵	⇒
赋	⇒	装	⇒
赌	⇒	蛮	⇒
赎	⇒	痫	⇒
赐	⇒	阔	⇒
赔	⇒	阅	⇒
铸	⇒	粪	⇒
链	⇒	窜	⇒
铺	⇒	窝	⇒
锁	⇒	营	⇒
锄	⇒	愤	⇒
锅	⇒	滞	⇒
锈	⇒	湿	⇒
锋	⇒	溃	⇒
锐	⇒	溅	⇒
犊	⇒	湾	⇒
鹅	⇒	雇	⇒
筑	⇒	谢	⇒
储	⇒	谣	⇒
惩	⇒	谤	⇒
释	⇒	谥	⇒
腊	⇒	谦	⇒
鱿	⇒	谧	⇒
鲁	⇒	属	⇒
颖	⇒	屡	⇒
筋	⇒	骗	⇒
馈	⇒	骚	⇒
馋	⇒	缄	⇒

缅	⇒		碑	⇒
缎	⇒		煤	⇒
缢	⇒		蜂	⇒
缓	⇒		照	⇒
缔	⇒		愚	⇒
缕	⇒		勤	⇒
编	⇒		塑	⇒
缘	⇒		鼠	⇒
飨	⇒		稠	⇒
			寞	⇒

13획

新	⇒		楚	⇒
路	⇒		嫂	⇒
感	⇒		椿	⇒
意	⇒		蒜	⇒
想	⇒		鹉	⇒
嗓	⇒		摄	⇒
腹	⇒		摆	⇒
腰	⇒		摊	⇒
跳	⇒		鹊	⇒
廉	⇒		腿	⇒
睡	⇒		蒙	⇒
嫁	⇒		颐	⇒
筷	⇒		献	⇒
煎	⇒		榄	⇒
碗	⇒		榈	⇒
			楼	⇒
			赖	⇒
			碍	⇒

输 →		腾 →	
鹌 →		稣 →	
尴 →		鲍 →	
雾 →		颖 →	
辑 →		触 →	
频 →		雏 →	
龃 →		酱 →	
龄 →		痴 →	
鉴 →		韵 →	
跷 →		阖 →	
嗳 →		阙 →	
错 →		粮 →	
锚 →		数 →	
锡 →		满 →	
锤 →		滤 →	
锥 →		滥 →	
锣 →		漓 →	
锦 →		滨 →	
键 →		滩 →	
锯 →		慑 →	
辞 →		誉 →	
颓 →		骞 →	
筹 →		寝 →	
签 →		窥 →	
简 →		窦 →	
颔 →		谨 →	
腻 →		谪 →	
鹏 →		谬 →	

辟 ➡ _____
缚 ➡ _____
缝 ➡ _____
缠 ➡ _____
缢 ➡ _____
缤 ➡ _____

14획

鼻 ➡ _____
槐 ➡ _____
福 ➡ _____
寡 ➡ _____
魂 ➡ _____
聚 ➡ _____
舞 ➡ _____
演 ➡ _____
熊 ➡ _____
境 ➡ _____
需 ➡ _____
暮 ➡ _____
蔬 ➡ _____
韬 ➡ _____
墙 ➡ _____
蔑 ➡ _____
谒 ➡ _____
槛 ➡ _____

槟 ➡ _____
酿 ➡ _____
霁 ➡ _____
愿 ➡ _____
辕 ➡ _____
辖 ➡ _____
辗 ➡ _____
龈 ➡ _____
颗 ➡ _____
踌 ➡ _____
踊 ➡ _____
蜡 ➡ _____
蝇 ➡ _____
蝉 ➡ _____
赙 ➡ _____
赚 ➡ _____
锻 ➡ _____
镀 ➡ _____
稳 ➡ _____
箫 ➡ _____
舆 ➡ _____
膑 ➡ _____
殡 ➡ _____
鲜 ➡ _____
馒 ➡ _____
瘗 ➡ _____
阃 ➡ _____
赛 ➡ _____

褛 ➡ _____
谭 ➡ _____
谱 ➡ _____
谲 ➡ _____
缩 ➡ _____

15획

箱 ➡ _____
影 ➡ _____
醋 ➡ _____
撒 ➡ _____
僻 ➡ _____
墨 ➡ _____
蕉 ➡ _____
嘴 ➡ _____
瘦 ➡ _____
敷 ➡ _____
魅 ➡ _____
糊 ➡ _____
磅 ➡ _____
熨 ➡ _____
厨 ➡ _____
鞋 ➡ _____
懂 ➡ _____
褥 ➡ _____
撺 ➡ _____

蕴 ➡ _____
樯 ➡ _____
樱 ➡ _____
飘 ➡ _____
靥 ➡ _____
霉 ➡ _____
龉 ➡ _____
龊 ➡ _____
瞒 ➡ _____
题 ➡ _____
踱 ➡ _____
噜 ➡ _____
嘱 ➡ _____
镇 ➡ _____
镐 ➡ _____
篑 ➡ _____
篓 ➡ _____
鲤 ➡ _____
鲦 ➡ _____
鲧 ➡ _____
馔 ➡ _____
瘪 ➡ _____
瘫 ➡ _____
颜 ➡ _____
鲨 ➡ _____
澜 ➡ _____
额 ➡ _____
褴 ➡ _____

谴 ➡ _____
鹤 ➡ _____
缮 ➡ _____

16획

壁 ➡ _____
辫 ➡ _____
糖 ➡ _____
燕 ➡ _____
儒 ➡ _____
瓢 ➡ _____
橹 ➡ _____
憾 ➡ _____
飙 ➡ _____
辙 ➡ _____
鹦 ➡ _____
镗 ➡ _____
馒 ➡ _____
镛 ➡ _____
镜 ➡ _____
赞 ➡ _____
穑 ➡ _____
篮 ➡ _____
篱 ➡ _____
鲭 ➡ _____
鲸 ➡ _____

鲲 ➡ _____
獭 ➡ _____
鸱 ➡ _____
瘾 ➡ _____
辩 ➡ _____
濒 ➡ _____
懒 ➡ _____
缴 ➡ _____

17획

藉 ➡ _____
繁 ➡ _____
薄 ➡ _____
薛 ➡ _____
龌 ➡ _____
瞩 ➡ _____
蹉 ➡ _____
羁 ➡ _____
赡 ➡ _____
鳄 ➡ _____
鳅 ➡ _____
鲍 ➡ _____
鸷 ➡ _____
辫 ➡ _____
赢 ➡ _____
骤 ➡ _____

18획 이상

籍 ➡
鳌 ➡
颢 ➡
鹭 ➡
髅 ➡
镮 ➡
镯 ➡
镰 ➡
雠 ➡
鳍 ➡
鹰 ➡
癞 ➡
攒 ➡
霭 ➡
鳖 ➡
蹲 ➡
巅 ➡
髋 ➡
膑 ➡
鳔 ➡
鳗 ➡
颤 ➡
癣 ➡
谶 ➡
缵 ➡

鬓 ➡
鼍 ➡
朦 ➡
鳞 ➡
颦 ➡
蹦 ➡
癫 ➡
赣 ➡
鹳 ➡
镶 ➡
趱 ➡
躜 ➡
馕 ➡
戆 ➡

한자를 알면
중국어가 보인다

저자 약력

김 낙 철

현 삼육대학교 중국어학과 교수

한자를 알면 중국어가 보인다

초 판 인 쇄	2016년 11월 10일
초 판 발 행	2016년 11월 17일
저　　자	김 낙 철
발 행 인	윤 석 현
발 행 처	제이앤씨
책임편집	최 인 노
등록번호	제7-220호
우편주소	서울시 도봉구 우이천로 353 성주빌딩 3층
대표전화	02) 992 / 3253
전　　송	02) 991 / 1285
홈페이지	http://jncbms.co.kr
전자우편	jncbook@hanmail.net

ⓒ 김낙철, 2016. Printed in KOREA

ISBN 979-11-5917-031-7　　13720　　　　　　　　　　정가 16,000원

* 이 책의 내용을 사전 허가 없이 전재하거나 복제할 경우 법적인 제재를 받게 됨을 알려드립니다.
** 잘못된 책은 구입하신 서점이나 본사에서 교환해 드립니다.